エネルギー産業2030への戦略

Utility3.0を実装する

竹内純子 編著

日本経済新聞出版

はじめに

2017年９月に前著『エネルギー産業の2050年　Utility3.0へのゲームチェンジ』でエネルギー産業の未来像を世に問うてから、４年が経ちます。出版以来、多くの方からUtility3.0を実現するための過程を提示してほしいというご要望を頂戴しました。2050年に向けて大きな変化が起きつつあることはわかるが、まず一歩目をどこに向けて踏み出せばよいのか悩んでいるといったお声もたくさん頂きました。

この４年の間に、エネルギー産業を取り巻く情勢は日々変化し、前著で提示した将来像も修正が必要になりました。最も大きな変化は、当時わが国が掲げていた温室効果ガス削減目標が「2050年までに80％削減」から、2030年に2013年比46％、「2050年実質ゼロ」という、当時よりも格段に野心的なものになったことでしょう。そして、コロナ禍という未曽有の厄災を経験し、人々の価値観や働き方も大きく変わりました。

筆者たち自身にも大きな変化がありました。

Utility3.0の世界を実現に向けて筆者の２人で会社を創業し、実践者として取り組み始めたのです。私たちは、自らが著した１冊の本によって、大きく人生の舵を切ることとなったわけです。

2050年に、良い未来を手に入れるか、悪い未来を遺すのか。

それは、私たちが2020年代をどのように過ごすかにかかっています。

もはや時間はないと考え、出版の翌年、起業するに至りました。

そもそもUtility3.0とは何か。前著では、特に定義を置かず、皆さんの自由な想像に任せて描きました。エネルギー供給システムにとどまるUtility2.0とはまったく異なる社会システムを構築する上では、一度発想を解き放つ必要があると思ったからです。

Utility3.0という言葉を生み出してから４年経ち、あえていま定義を置くとすれば「１人ひとりが多様な価値を実現できる、持続可能な世界」だと考えています。この世界観を共有した上で、皆さんと具体的な事例を１つひとつ積み重ねていきたいと思っています。

エネルギー産業の変革は、エネルギーの変化に留まらず、社会の変化・転換を可能にします。その点を意識し、本書はエネルギー産業の将来像として、次の３つの視点を提示します。

１つ目は、気候変動問題にとどまらず、地方創生や国土強靭化といったナショナルアジェンダに対するエネルギー産業の役割です。前著では、少子高齢化（Depopulation）などがエネルギー産業にもたらす影響を５つのＤとして整理しましたが、本書では、こうした課題に対して、エネルギー産業がどのように能動的に課題解決に対応していくべきかを述べています。

２つ目に、日本の勝ち筋はどこに見出せるのかの仮説を示します。製造業を主体としてきた日本の経済構造はこれから大きく変わるでしょう。脱炭素政策がその大きなきっかけになる可能性もあります。グローバル市場を見据えて企業戦略を練り直すことは、2050年に「食っていける日本」を遺せるかどうかにもつながっていると考えています。

３つ目は、地域社会への着目です。これまで地域社会は、海外から輸入したエネルギーの消費者でしかありませんでしたが、分散型の再生可能エネルギーの普及に伴い、地域エネルギー資源のオーナーという立場にもなります。そこで、エネルギーの観点から「地域社会」の再定義を行い、いくつかの特徴で分類した地域社会が、それぞれどのような取り組みによって、ゼロカーボンシティに向かいうるかを考えました。

本書を編むにあたり、前著の共著者である東京電力パワーグリッドの岡本浩氏、東京電力ホールディングスの戸田直樹氏には、多大なご示唆を頂きました。特に本書の第１・２章で示した世界観は岡本氏からの助言なしには描きえなかったものですし、第５章の具体的制度設計は戸田氏に執筆をお願いし、大いに筆を振るっていただきました。

日々多くの方々と出会い、エネルギー産業の未来像を考えています。

もっと言えば、他の産業と融合して、「エネルギー産業」がなくなる未来も含めて考えています。

新しい未来を共に考える機会をくださっているすべての皆さんに心から感謝申し上げるとともに、2030年、2050年に振り返って「あの時、この道を選んでよかったね」と笑い合えることを心から願っています。

あなたは、どんな2020年代を過ごしますか？

2021年秋

竹内純子

Introduction

どうしてこうなった日本_2050

明日も面接だ。しばらくの食い扶持（ぶち）を稼げる仕事が欲しい。数少ない職を取り合う毎日には疲れる。でも、争いから降りたら食えなくなる。国のセーフティネットはもう機能していない。

なぜ日本はこうなったのだろう。母はよく「なるべくしてなった、としか言いようがないわよ」と怒り半分、自嘲半分で言っていたなぁ。

チャンスがなかったわけではない。25年前は、世界中が変わろうとしていた。どこの国でもトップは「コロナ禍からの復活はグリーン＆デジタルだ」と言っていた。欧州も、米国も、中国も、そして日本も。

当時、流行っていたスマートシティだって、日本は出遅れたと言われていたけれど、どこの国でもスマートシティには課題が山積していたと聞く。いわば横一線だったのに、日本だけ、ずるずると後退し続けた。

運命を分けた原因は、エネルギー産業の転換ができなかったことにあるのだろう。日本の政策はパッチワークの積み重ねだった。2050年までに温室効果ガス実質ゼロを目指すという目標が掲げられ、国民の支持も高かったという。

ただ、その道筋が具体的に示されることはなかったし、負担や痛みがあることも国民は知らされなかった。**脱炭素社会への転換は、かつての産業革命以上の「大革命」だったのに、ちょっと省エネやエコに気を配ればいいだけだろうと思っていた人々が大半だったのだ**。義務や負担、産業の転換が遅れて雇用が失われるといったことが明らかになるにつれ、人々の意識は分断が深くなっていった。

そもそも2020年の段階で、再エネ（再生可能エネルギー）の産業化をもっとマジメに考えるべきだったのに。2011年、福島での原子力発電所事故の後、過剰な補助金が与えられ、再エネのバブルが発生した。責任あるエネルギー事業としてでなく、単なる投機案件として山を伐り拓き、里山の風景をぶち壊す太陽光発電があふれていった。

多くの人はうんざりし始めていたのに、その反省をきちんとしないまま、よりハードルの高い再エネ目標が掲げられてしまった。荒廃農地の活用が推奨されたものの、すでに里山の風景の一部になっているところに真っ黒なパネルがぎっしりと並べられ、海岸線から見える土地は風車に埋め尽くされた。日本に平地は少ないし、遠浅の海域も広くはないのにそこに目いっぱい再エネを詰め込んだのだ。日本の観光地としての魅力は激減してしまった。結局のところ再エネは、凝りもせずにバブル・アンド・バーストに陥ってしまった。

今世紀初め頃、再エネ関連の製造業は中国が世界シェアのほとんどを占めるようになっていた。2020年頃にはまだ、日本国内に風車関連の部品など強みを持つ製造業もあった。

でも、部品の組み立てを行う海外のセットメーカーから、わざわざ拠点を置くほどの市場ではないと思われたせいで、日本では製造業もメンテナンス産業も育たなかった。海外からメンテナンス事業者を呼んでくることが難しく、ただの「産業遺産」になった再エネも少なくない。

遺産といっても撤去されずに放置されただけなんだけどね。

産業化に失敗し、再エネの導入量は伸びなかった。低炭素化のために、日本は海外からプレミアムがたっぷり付いた水素を輸入してくる以外に選択肢がなくなった。昔の日本は化石燃料依存度が高く、ジャパンプレミアムと呼ばれる高値で化石燃料を買わざるを得なかったが、いまはそれが水素に代わっただけ。ただただ残念な話だ。

大幅な脱炭素化のためには、「需要の電化」と「発電の低炭素化」の同時進行が必要だと言われていた。でも日本の電気代は高騰を続け、電化は遅々として進展しなかった。それはそうだろう。再エネの補助金だけでも巨額なのに、さらに気候変動対策が世界的に強化されたため、油田開発が停滞し、石油や天然ガスなどの価格が高騰した。その上、巨額の安全対策費を投じた原子力発電所は結局ほとんど動かさずにそのまま廃止させることになったのだから。

技術も失われたから、自分たちで安全に廃炉することすらできず、海外の廃炉事業者頼みだ。どん詰まりになってから脱原発したことで、原子力発電所は廃炉費用という自らの「葬式代」すら出せず、それも国民負担になった。せめて原子力発電所が自分の葬式代を稼げるくらいには稼働させればよかったのに。そんなことなら、福島の事故後すぐに「脱原発法」でも作って完全に廃止してくれた方がよほど国民負担は少なかった。決断できない政治のツケはいつも国民に回ってくる。

再エネの施工やメンテナンスはある程度の雇用を生んだけれど、高騰したエネルギーコストは国内の働く場を奪った。僕の友人たちのほとんどは、職を求めて海外に出ていってしまった。

2050年に温室効果ガスの排出を実質ゼロにするというのは、ものすごいビジョンだった。ただ、その達成は相当のチャレンジだった。チャレンジはリスクを伴う。ライフライン、すなわち生命線とも言えるエネルギー政策で、どの程度のリスクを許容しうるのか、リスクが顕在化したときのプランＢはどうするのか……。それくらい考えておくべきだ、とあの頃の政治家たちに伝えたい。

世界地図は大きく変わった。国土が広くて安価な再エネを大量に手に入れた国、次世代型の原子力開発に成功し使いこなした国、CCS（二酸化炭素の回収・貯留）のポテンシャルを活かしCO_2（二酸化炭素）を引き受けることで外貨を稼ぐ国などが勝ち組になり、そうした強みを1つも持てなかった国は負け組に回った。その筆頭が日本だ。

100年前の太平洋戦争は「油に始まり油に終わった」と言われた。日本人は失敗に学ぶことが下手だとよく言われるが、エネルギーというライフラインの確保がどういう意味を持つのかを学ばなかったのだろう。

愚痴を言っていても仕方ない。明日の面接に備えて、中国語で自己PRする練習をしておこう。明日の会社も中国資本だからなぁ。

輝かしき日本_2050

朝起きると目の前には海が広がる。視界を遮るものは何もない。

コミュニティの真ん中にあるテント型の植物工場から、朝食べる分の野菜を採って帰ってくる妻と子どもたちが坂道を登る様子が見える。待っていればコミュニティの中を巡回するドローンで運ばれてくるけれど、愛犬との朝の散歩もかねて採りに行くのが妻と子どもたちの日課になっている。こんな余裕ある生活を送るようになるとは、25年前は想像すらできなかった。

きっかけはコロナ禍だ。現代社会が経験した最大の疫病は、我々の暮らしが必要としていた変化を大きく後押ししてくれた。

それまでの日本は、沈んでいくことを自覚しながらもすくんで動けない状態だった。急激な人口減少・過疎化で今まで通りの社会インフラを維持できないことや、製造業主体の経済が脱炭素化を求める世界の中で取り残されてしまうことは自覚しつつも、戦略的な対応ができなった。

それまでのデジタル化はビジネスモデルの転換ではなく、業務効率化の手段論でしかなく、分散化は単に取り残された地域への手当てでしかなかった。まさに「すくみきった日本」が「くすみきった日本」をもたらしていた。あのときは空を見てもくすんで見えたものだ。

結果的に、**コロナ禍は強制的にデジタル化、分散化、効率化を進めざるを得ない状態を創り出した。スパイラルが逆回転し始めたのはそこからだ。**

まず、生活が大きく変わった。

自立分散型の暮らしを支える個別の技術はコロナ禍の前にもあった。しかし、例えばエネルギーだけを分散しても、さほど変化にはつながらない。「暮らしを支える」という観点で生活環境を刷新する実証が始まったことが起点となったのだろう。

コロナ禍でリモートワークが可能になったことで、都会に住む意味を

感じなくなった層はある程度いた。とはいえ、買い物ができる商業施設、学校や塾などの教育サービス、医療サービスが成り立つには一定の人口集積を必要とする。地方ほどそうした生活サービスが細っており、僕の両親もなかなか移り住む決心はつかなかった。しかしそれも大きく変わった。

僕の体に埋め込まれたマイクロチップは常に健康状態をチェックし、ちょっと離れた医療機関で常時データが共有されている。昔はわざわざ医療機関に行ってバリウムや胃カメラを飲んだりしなければならなかったけれど、今は常時モニターしてもらっているから安心だ。

ちょっと喉の粘膜に付着しているウイルス量が多くなってきたら、「うがいを！」「身体を温めて！」などとアラートが飛んでくるので、体調を崩す頻度も劇的に減った。何かあってもオンライン診療・投薬で済むようになり、医療機関は治療の場から、健康という価値を提供するサービスに変わったんだ。

子どもたちの教育もそうだ。コロナ禍を機にオンライン教育が導入されたときには「やはりリアルなコミュニケーションがよい」という意見もあったけれど、当時、中学生で高校受験を控えていた僕は、SNSの動画や通話機能で、よく友達と「一緒に」勉強してた。わからないところがあればちょっと聞いたり、お互いに教え合ったり。まぁ僕たちは、それほど抵抗が無かった。今はさらに、立体的な映像送信技術もできて、部屋にいながら一緒の教室にいるような感覚で授業が受けられるし、遠足もバーチャルで手軽に行ける。

大変だったのは、産業の転換だった。永遠に続くかと思われた「失われた○○年」に終止符を打ち、日本がどうやって産業の大転換に成功したのか。研究者だった母は、著書の中で当時の状況を振り返り、「産業界の内発的な動きから、正の循環が始まった」と言い切っている。

パッチワーク的な政策と前例主義のせいで、常に海外企業の後塵を拝していた産業界は大きく変わった。変化は「最も古くて固い」と言われていたかつての「エネルギー産業」からだったという。エネルギー産業という言葉は、モビリティ分野で始まった自動車の新しい姿「CASE」を取り込むような形で、新たな価値を提供するプラットフォーム産業に置き換わったのだった。

ちなみに母が書いた著書のタイトルは『Japan as Only One』。その昔、米国の社会学者が書いた『Japan as Number One』をもじってつけたそうだが、日本は、言わば弱みを強みに転換してオンリーワンになった。

日本はエネルギー資源に乏しく、何かを製造して国際市場でそれを売り、外貨を稼がなければ、海外から資源を買うこともできない。最初から国内市場を見ていたのでは、尻すぼみになるのはわかりきっている。若い世代の起業家たちほど最初から国際市場に照準を合わせ、そして勝ち残った。

僕はいま、3つの会社と仕事をしているけれど、そのいずれも海外売上高比率が80%以上だ。世界中のあらゆるところ、日々の生活の至るところに、日本企業の製品・サービスが浸透し、日本企業は、世界のゼロカーボン社会になくてはならない存在になった。

もちろん痛みもあった。日本全土をもれなく結ぶネットワーク型の社会インフラから、自立分散型のインフラに転換する移行期間には、「地方切り捨てか」とずいぶん騒がれた。2020年代前半にいくつか小さな成功例が生まれ、2020年代の後半からその横展開が進んだことで、僕らのような自立分散型の暮らしをするコミュニティが数多く生まれた。

製造業の反発も相当大きかった。ただ、転換を可能にしたのは、痛みを説明しながらもこの道の先にあるものを見せてくれた政治の力だ。

まぁ政治家がそれを可能にしたわけではない。AI（人工知能）の政治判断に任せたのだ。母は「一時期、『エビデンスベースの政治』なんていうのが流行り言葉になったけれど、エビデンスベースでやるならビッグデータ×AIで決めた方がよいに決まってるわ。どうしてわざわざエビデンスを揃えた上で、感情に左右される『人』に委ねようと思ったのかしらね」と手厳しい。この調子では、著書がもう１冊増えそうだ。

国を二分する大論争になったそうだが、あのとき、政治をこれまでのように人間の政治家に任せるか、ビッグデータを集積したエビデンスに基づいて判断するＡＩに任せるかで、後者を選んだ我々の勝利、ということだ。その後、世界中でＡＩによる政治があたりまえになった。ブレがないし、致命的な衝突もない。まさに「神の宣託」だ。

さて、穏やかな海を見ながら、午前中の仕事を始めようか。どの仕事から手をつけるかは……、久しぶりにペンを倒して決めてみよう。

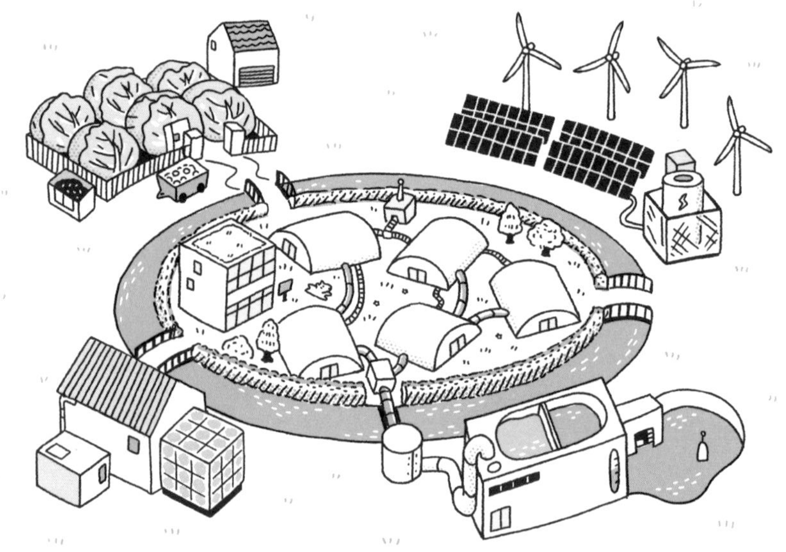

Chapter 1

エネルギーと日本の社会課題

エネルギー産業の将来像を考えるにあたり、筆者らは、人口減少（Depopulation）、脱炭素化（Decarbonization）、分散化（Decentralization）、自由化（Deregulation）、デジタル化（Digitalization）という5つの「D」がエネルギー産業にもたらす影響について提言してきました[1]。人口減少や脱炭素化は、エネルギー産業の変革ドライバーであると同時に、国家政策の根幹をなすナショナルアジェンダでもあります。本章では、気候変動、人口減少、国土強靭化という3つの課題を取り上げ、各課題に対するエネルギー産業の役割を提示します。

1. 気候変動問題
――ゼロカーボン時代のエネルギー需給構造

気候変動問題はエネルギー産業に大きな、そして急速な変化を求めています。2020年10月、日本政府は2050年までに、温室効果ガスの排出を実質ゼロにする、すなわち「2050年カーボンニュートラルを目指す」という方針を示しました。それまでの目標であった「2050年までに温室効果ガス80％削減」が大幅に上方修正されたのです。実現に向けたハードルは相当高く、政府は具体的な道筋を示せずにいます。現在の施策の延長では達成が非常に困難であるため、これまで以上に様々かつ大きな変革が求められます。

この目標を受けて政府が策定した「2050年カーボンニュートラルに伴うグリーン成長戦略」（経済産業省、2021）には、次のような記載があります（下線は筆者による）。

> 2050年カーボンニュートラルを目指す上では、電力部門以外では革新的な製造プロセスや炭素除去技術などのイノベーションが不可欠となる。<u>電力部門は再生可能エネルギーの最大限の導入及び原子力の活用、さらには水素・アンモニア、CCUSなどにより脱炭素化を進め、脱炭素化された電力により、電力部門以外の脱炭素化を進める。</u>
>
> （略）専門機関による、シナリオ分析では、2050年にカーボンニュートラルを

実現する上では、電化の進展により約３～４割電力需要が増加することが見込まれる中、膨大な電力需要を賄うには、政策の選択肢を狭めることなく、最大限導入する再エネの他、原子力、水素・アンモニア、CCUS／カーボンリサイクルなど脱炭素化のあらゆる選択肢を追求する重要性が示唆された。

エネルギーの脱炭素化に関しては、再エネ電源をいかに導入するかといった電力部門の「発電の脱炭素化」の議論に偏りがちですが、電力が最終エネルギー消費に占める割合（電化率）は約30％に過ぎません。

残る約70％は工場のボイラーや輸送部門の内燃機関などエネルギー消費の最終段階で、化石燃料を直接燃焼させています。この70％を放置したままでは、CO_2排出量の大幅な削減はできません。したがってこの「需要の電化」と「発電の脱炭素化」を車の両輪で進める必要があるのです。

図表１を見てください。実際には最終需要における電力利用技術（運輸部門の電動化などエネルギーの利用効率を高めるための技術）で、現時点で商業化されているものだけを前提としても、「需要の電化×発電の脱炭素化」によりCO_2排出量を70％程度削減できるポテンシャルがあるのです（図表1）。

図表1 **需要の電化×発電の脱炭素化のポテンシャル**[2]

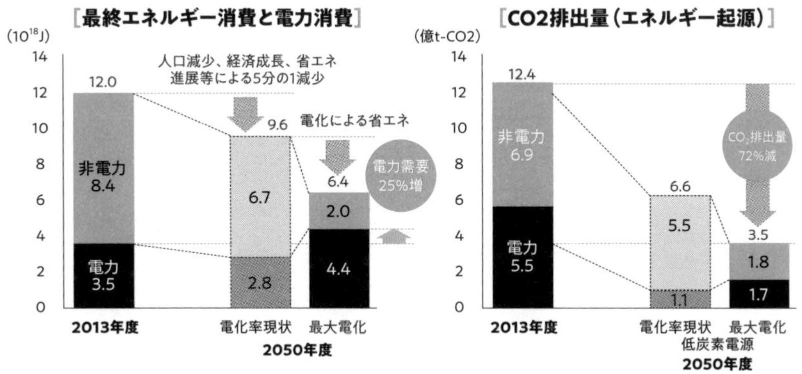

出所:東京電力HD経営技術戦略研究所による試算

そして、「需要の電化」が進展すれば、人口減少と省エネ化が進む中でも電力需要は増加していきます。つまり、CO_2フリーの電気の需要が大量に生じることになります。エネルギー産業は、この需要に対して、安全性（Safety）を確保した上で、自給率（Energy Security）、経済効率性（Economic Efficiency）、環境適合（Environment）に配慮しつつ、いかに応えていくかが大きな課題となります。

CO_2フリーの発電技術には、太陽光発電、風力発電、原子力発電、水力発電、水素火力発電（アンモニアなどの水素キャリアを燃料とするものを含む）などが挙げられます。

これらのうち、太陽光発電と風力発電は、自然条件に依存する自然変動性があるため、大量に導入する場合には揚水発電、蓄電池などの蓄電技術を併用する必要があります。各技術を最適に組み合わせて、増大する電力需要に応えなければなりません。

ところが、この技術の組み合わせについて戸田ほか（2021）が行ったシミュレーションによると、太陽光発電や風力発電などの自然変動電源（VRE: Variable Renewable Energy）と蓄電池の組み合わせだけでは、再エネと蓄電池を増やせば増やすほど、その稼働率が減少してコスト高となることが避けられないことや、水素火力発電を調整用電源として組み合わせれば大きくコストを下げる可能性もあることが示されています。試算結果では、調整用火力の設備利用率は14%程度と低いのですが、それでも蓄電池の必要量を下げることでコスト削減の効果が大きくなることがわかりました。

しかし、水素火力発電には、燃料である水素をどのように調達するかという課題があります。

水素はその製造の過程でCO_2を排出することもあり、製造方法によってグレー水素、ブルー水素、グリーン水素に分類されています。

グレー水素は、化石燃料を蒸気メタン改質や自動熱分解と呼ばれる手法で水素と二酸化炭素に分解することで得られる水素です。製造過程でCO_2が発生します。

ブルー水素は、水素の製造工程はグレー水素と同じですが、CCUS（Carbon dioxide Capture, Utilization and Storage）技術を活用して、発生するCO_2を大気に放出する前に回収、貯留／再利用するものです。

グリーン水素とは、CO_2を発生しない製造工程による水素で、再エネなどCO_2フリーの電気を用いた水の電気分解でできる水素、高温ガス炉の熱を用いた熱化学法ISプロセスという手法による水素などが考えられます。

実は2020年時点で、世界で製造されている水素のうち約95％がグレー水素です。したがって、2050年にCO_2排出量をゼロにするには、グレー水素をグリーン水素やブルー水素に置き換えていく必要があります。実際に、グレー水素の利用には批判もあります。

ゼロカーボンを目指すならば、グリーン水素・ブルー水素の安定的な確保が大きな課題となっていきます。

そこで、太陽光と風力、水素火力にもう１つ、低炭素・脱炭素で安定的な電源の選択肢として原子力を加えることで、環境性・経済性・安定性のバランスが整います。安定的な電源の構成比率を高めることは、エネルギー政策の上でも大きなメリットですが、ポートフォリオに原子力を加えるには国民的な合意形成が求められます。前述の「グリーン成長戦略」（経済産業省、2021）でも書かれているとおり、「脱炭素化のあらゆる選択肢を追求する」ことが不可欠となるわけです。

ゼロカーボンという大きな目標は需要側にも大きな変化を求めます。しかしながら、鉄鋼業や化学産業は製造プロセスにおいて原材料として化石燃料を用いているため（例：高炉製鉄では、鉄鉱石の還元剤としてコークスを活用している）、排出するCO_2をゼロにすることは極めて困難です。

以前の「2050年までに80％削減」の目標では、残り20％にこれら産業がカーボンニュートラルを実現する技術を手に入れるまでの時間的な余裕が与えられていたわけですが、新たな目標の下では、特例は認められなくなりました。

現在の技術が一定程度、進歩することを見込んでも、達成は相当困難です。日本だけでなくカーボンニュートラルを掲げる多くの国で、この目標の達成は非連続の変化の先に初めて可能になるとみなされています。

この不可能をどのように可能にするのか。ここでも改めて脚光を浴びるようになったのが、水素エネルギーです。これを化石燃料の代わりに使おうというわけですが、当然にこの場合も、グリーン水素・ブルー水素の安定的な確保が大きな課題となってきます。

「カーボンニュートラルという目標を達成するためには、総力戦が必要だ」と言われるのにはこのような背景があるのです。さて、この総力戦を勝ち抜く上で実際にどうしたらよいのでしょうか。

重要なポイントは３点あります。まずはそれを簡単に提示したいと思います。

ポイント１　できるだけ地域内でエネルギー需給をバランスする

脱炭素電源として風力発電が期待されており、エネルギー業界ではその立地についての議論も具体的に進められています。北海道・東北・九州などのエリアに大規模洋上風力発電所を建設し、そこから都市部へ電力を供給するというアイデアもあります。

ただし、北海道で作られた電力を大量消費地である東京に運ぶのには莫大なコストがかかります。現在も生産地と大消費地をつなぐ送電網はありますが、今よりもたくさんの電気を運ぼうとすると、設備の増強のため、莫大な投資と時間が必要となってしまいます。一方でこの送電設備は、風力発電や太陽光発電が発電したときだけ利用されることになるので、莫大な投資が発生する割に、設備の稼働率は従来よりもずっと低く抑えられてしまうでしょう。

このような大規模な電源を作って、大規模な送電設備を用意し、大消費地に電気を送る、という昔ながらのやり方に代わる方法はないのでしょうか。

筆者らは、これまでのやり方に代わる新しい電力システムとして、今後大量普及が見込まれる電気自動車（EV）の蓄電能力などを活用した分散型の電力システムを提示してきました[3]。

この考え方に基づき、一定程度は地域内で電力の需要と供給のバランスをとるのが国民負担の面で最適となると考えられます。具体的な分析結果については次章で説明します。

ポイント2　国内で発電したクリーンな電気は、電気のまま利用する

洋上風力などの自然変動電源と並んで注目されるのが水素火力発電ですが、水素はその調達方法が命運を握ることはすでに指摘した通りです。電気から水素を作り、その水素をまた電気にして使うことも必要になるかもしれませんが、変換するたびに効率が落ちるので、電気は電気としてそのまま使う方が効率の面で望ましいのです。

効率を考える上で重要なのは、エネルギー変換を何回行うかを示す「加工度」です。

化石燃料を燃やす火力発電で電気を作る場合、エネルギーロスが50％ほど発生します。化学エネルギーを電気エネルギーに変換する過程で、石油や天然ガスの持つエネルギーはほぼ半減します。この場合、一次エネルギーの化石燃料と電気では、電気の方が加工度が高く、加工度が高い商品を作るほど、ロスが生じます。

それでも、化石燃料をあえて電気に変換しているのは、化石燃料のコストが安いことに加え、電気というエネルギーの使い勝手が良いことが理由です。特筆すべきは電気の持つ制御のしやすさです。IH クッキングヒーターにしても電気照明にしても、ガスコンロとは異なり、デジタル的に細かくコントロールできます。この電気の制御性の高さは、製造過程で大きなロスが発生する短所を補い、電気というエネルギーを広く普及させてきました。

水を電気分解してグリーン水素を製造する場合、水素は電気よりも加工度が高いので、やはり30％程度のエネルギーロスが生じます。

図表2 **エネルギーの加工度**

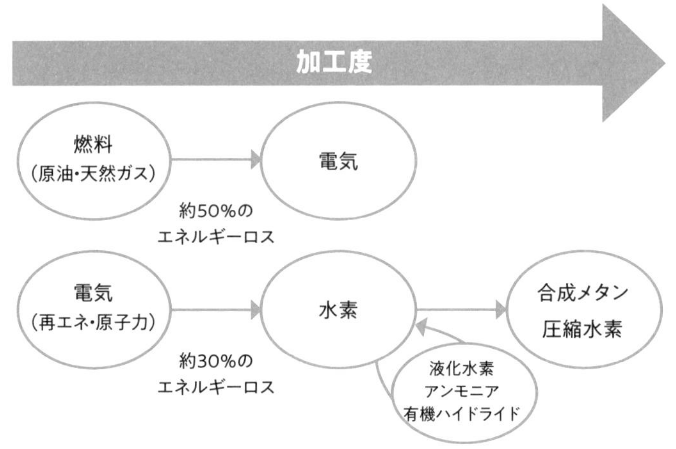

出所：筆者作成

図表２は、そうした加工度を図式化したものです。

電気を使って水素を製造すると、約30％のエネルギーロスが発生しますが、あいにく水素は電気ほど制御が容易ではありません。わざわざロスを発生させて使いにくいエネルギーを作るのは、得策ではないでしょう。電化が可能な需要は電化して、極力クリーンな電気をそのまま利用するのが効率的です。

それでは、調整用電源としての火力発電の燃料、あるいは石油化学工業や鉄鋼業などで使うことになる水素はどのように調達するべきでしょうか。

もちろん国内の再エネを使って製造できれば一番望ましいのですが、コスト、量の双方から当面、その実現は難しいと想定されます。したがって海外でブルー水素やグリーン水素を製造し、輸入する可能性が模索されています。

では、どのように輸入するか。水素は、－253℃の極低温まで冷却しなければ液化しないという特徴があり、大量の貯蔵・輸送には不向きです。そのため、アンモニアやメチルシクロヘキサン（MCH）、CO_2フリーメタンなど、貯蔵や輸送がより容易な物質（水素キャリア）の形で活用することになります。これは電気から作った（加工した）水素を再加工することになるので、さらなるエネルギーロスが生じることになり、決して効率的な方法とは言えません。

まず、石油化学工業や鉄鋼業で原材料として用いられている化石燃料をグリーン水素で置き換えるには、年間数千億 kWh 規模の電気の供給力を確保する必要があります。次章で述べる通り、追加的に必要となるこの電力を国内の再エネだけで賄おうとすれば、量とコストが問題となります。

そのため本気でカーボンニュートラルを達成するには、長距離輸送費など輸入に伴ってかさむコストを極力抑制して、広大な砂漠など、日本では望むべくもない好条件の場所で安価な再エネ電気を作り、その電気を使って安価な水素キャリアを製造し、日本に運んでくることになるかもしれません。

そのような巨大プロジェクトについて、少なくともプランＢとして取り組む意義があると言えます。

ポイント３　国際水素貿易の主導権をとる

文字通り、各方面での努力が奏功して、安価な水素キャリアの輸入が実現したとしましょう。しかしながら、水素を輸入に頼るということは、いわば日本の命運を他国が握るということです。

これは、化石燃料の多くを輸入に依存している現在の状況が今後も継続することを意味します。導入が先行すると考えられる石油化学工業や鉄鋼業などの産業界のリスク管理としても、この点は留意する必要があるでしょう。

次ページの図表３はブルームバーグ NEF（BNEF）による、各国の再エネによるグリーン水素自給能力の想定結果です。

図表3 **各国のグリーン水素自給能力想定**

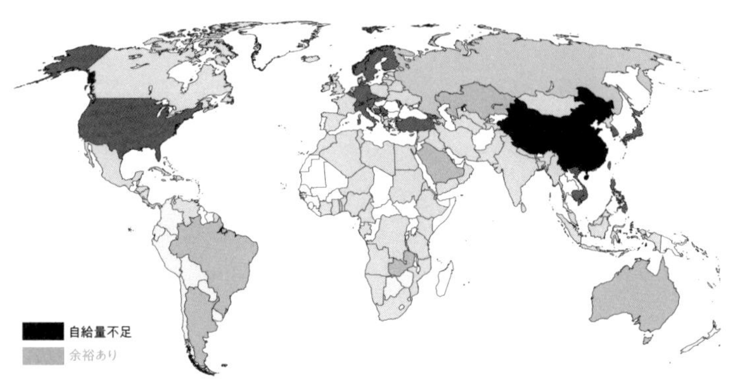

出所:BNEF(2020)

日本以外に、欧州のいくつかの国、中国、韓国、ASEAN 諸国は水素を輸入に頼ることになりそうです。欧州は自給できない国がある一方で自給できる国もあり、自給できない国も欧州域内の陸送あるいは短距離の海運による調達が可能だと思われます。

対して日本は、近隣国の多くが自給できない国です。日本で今、輸入元として想定されているのは、ブルー水素は中東諸国や米国、グリーン水素はオーストラリア、ニュージーランドなどになりますが、取り合いとなることも想定されます。すでに欧州ではカーボンニュートラル達成に向けた水素獲得競争が始まっています。

こうした問題意識から、「燃料アンモニア導入官民協議会中間取りまとめ」(燃料アンモニア導入官民協議会、2021) に次のような記載がされているところです。

> 燃料アンモニア供給の安定化を図るため、調達先国の政治的安定性・地理的特性に留意した上で、単に外国事業者からアンモニアを調達するのではなく、天然ガスの上流権益や安定的な再生可能電源を確保するなどして、我が国企業が中長期的に安定してアンモニアをコントロールできる形での調達に努める。

また、中期的には、供給途絶の影響を最小限にとどめるため、調達先や原料種をできるだけ分散していくことも重要である。

日本は基本的に脆弱なポジションにあるので、前述のようなことに留意するのは至極当然です。併せて、中長期的な取り組みにはなりますが、再エネ、原子力などを利用して国内でもいざという時に水素製造ができる能力を確保することも重要でしょう。

2. 人口減少 ——人口集積なしの持続可能な社会インフラ

2019年末に登場し、あっという間に世界を覆い尽くした新型コロナウイルスは、私たちの生活を一変させました。社会活動が極端に制限され、多くの企業が従業員の出社制限を余儀なくされる中、強制的にテレワークが浸透していきました。同じく休校措置を迫られた多くの学校でも、家庭内でパソコンやタブレットを活用した学習動画を視聴できるようにしたり、オンラインで授業をしたりするなど、急速にデジタル化が進みました。

コロナ禍による負担が集中した医療現場では、オンライン診療・投薬が普及し始めました。まだ狙い通りの成果が出ていないとしても、リアルとデジタルの両輪で人類はこの危機を乗り越えようとしています。コロナ禍がどれだけ長期化するか、現時点では誰にもわかりませんが、これを契機として、デジタル化が加速することは間違いありません。

では、このデジタル化の加速は、地域の人口減少問題にどのような影響を与えるのでしょうか。

テレワークが浸透すれば、物理的に会社の近くに居を構える必要はなくなります。「仕事」が少しずつ都市から解き放たれ、どこに居ても仕事ができる世界が徐々に実現しつつあります。また、完全な遠隔での医療や教育が世の中に浸透するにはまだ時間を要するとはいえ、医療や教育のデジタル化、オンライン化も徐々に進み、少なくとも中期的には、医療や教育の地域間格差が縮まっていくことは確実です。

しかし、医療や教育、仕事のようなデジタル化では地域間格差を解決できない領域が残っています。それは、“フィジカル”が残る電気や水道といった社会インフラです。いつでもどこでも同程度の生活レベルを維持できるようにするのであれば、人口集積を前提としない社会インフラが作れるかどうかが、大きなカギとなります。

加えて、不確実性に満ちた未来の中で明確にわかっていることは、これから日本の人口は減少し、少子高齢化が進むということです。2045年には、人口が2015年時点の３分の２未満になる自治体が全国893市区町村の51％と半数を超えます。特に地方の自治体では顕著に減少します。

これは、地方ほど既存の社会インフラの維持が難しくなることを意味します。すでに、人口密度の薄い地方自治体では、インフラを維持するための人口１人あたりコスト負担が都市部の数倍にもなっています。

少子高齢化・人口減少が進んだ地域では、インフラ設備の投資回収が困難になり、産業の衰退、経済力や生活利便性の低下が進み、結果的に都市部への人口流出が進むという負のスパイラルに陥りつつあります。これまでは都市部の成長によって、縮小を始めた地方の自治体を支えることができました。しかし、都市部にも少子高齢化の波が及ぶことを考えればこれからはそれもできなくなります。

ことは社会インフラだけではありません。医療、福祉、教育、金融など、我々を取り巻く経済活動は、一定程度の人口集積を前提として成り立っています（**図表４**）。

前述した電気事業のあり方に影響を与えると考えられるトレンド“５つのＤ”のうち、「Depopulation（人口減少）」はとりわけ憂慮すべき課題なのです。

人口減少がもたらすゲームチェンジの帰結として、「送配電事業者」は、広域的に大容量の電気を送電するための基幹系統を運用する送電系統運用者（TSO）とローカルな配電網を運用する配電系統運用者（DSO）に分かれ、DSOが水道事業などと統合して地域密着型複合ユーティリ

図表4 各経済活動が必要とする人口規模[4]

分野	業種	必要となる人口規模
医療	一般診療所	1,800~4,500人
	病院	17,500~22,500人
福祉	通所・短期入所介護事業	1,000~7,500人
	介護老人保健施設	9,500~22,500人
教育	学習塾	3,000~7,500人
	専修学校	47,500~87,500人
	大学	97,500~225,000人
金融	郵便局	600人
	銀行	6,500~9,500人
小売	飲食料品小売業	600人
	コンビニエンスストア	2,200~3,800人
	総合スーパー	47,500~62,500人

出所:国土交通省資料を基に筆者作成

ティへと発展する可能性もあります。また、将来の地方社会の姿として、コンパクトシティの形成を進め、人口の再集積により都市機能を回復することは必至です[5]。

とはいえ、“人口の再集積”は、そう簡単に進みそうもありません。すでに地方創生の掛け声の下、移住者獲得競争が行われています。“田舎暮らし”に関するサイトを開けば、手厚い家賃補助や一定年数住めば自治体が保有する不動産を無償譲渡するといった移住促進策の情報があふれています。しかしこれでは、日本全体の人口が縮小する中でのゼロサムゲームです。

他方、自治体の中での集住を進める動きもあります。確かにこのアイデアが実現してコンパクトシティ化が進めば、自治体サービスを集中的に投下できるようにはなります。とはいえ、遠くの見知らぬ土地への移動ではないにせよ、住み慣れた家を離れるわけですから、土地利用誘導の難しさといった課題もあり、結果的に望まない移住を強いる可能性もあるでしょう。

この“人口の再集積”による都市機能の回復に対する代替案として、

カーボンニュートラル達成と同時進行で“人口集積を前提としない持続可能な社会インフラ”を実現できる可能性はあるでしょうか。

手始めに、そのモデルになりそうな事例を紹介します。

右ページの図表5は、イスラエルのスタートアップであるSustainable Groupの取り組みです。同社は、人口集積を前提としない暮らしを成り立たせるため、地域単位で、エネルギーや水、食糧等の循環型インフラを構築するなど、自給自足のゼロカーボンコミュニティ実現のためのトータルソリューションを提供しようとしています。

この取り組みの最大の特徴は、エネルギーならエネルギー、食糧なら食糧と事業を切り分けることなく、人が生きていくために必要なものすべてをマネジメントしようとしているところです。2021年にイスラエルのキブツケツラで第1号のR&Dプロジェクトを立ち上げ、2023年から2024年にかけて、やはりイスラエルのミツペラモンで本格的なゼロカーボンコミュニティを建設する計画になっています。

このように、すべてをデジタルでは代替しにくい電気、水道、食糧、廃棄物処理といった領域でも、分散型技術が私たちの手が届くところまで進歩してきているのです。

詳細は第3章でお話ししますが、水道のない場所での水利用を実現するポータブル水再生処理プラントを提供するスタートアップが日本からも登場しています。これまで、一定の人口集積が必要とされていた医療、教育、仕事、電気、水道、食糧、廃棄物処理といったライフラインが、いわば、分散型の社会システムユニットとして現実のものになろうとしているのです。

日本でも、都市生活のオルタナティブを提供することを目指す複数のプロジェクトが進んでいます。例えば、『シン・ニホン』の著者・安宅和人氏が率いるプロジェクト「風の谷を創る」は、テクノロジーを用いて「都市集中型の未来に対するオルタナティブ」を実現する運動論を展開しています。究極のインフラ・パッケージであり、コミュニティがスタートしてからも進化し続けることでしょう。

図表5 **自給自足を実現したゼロカーボンコミュニティのイメージ**

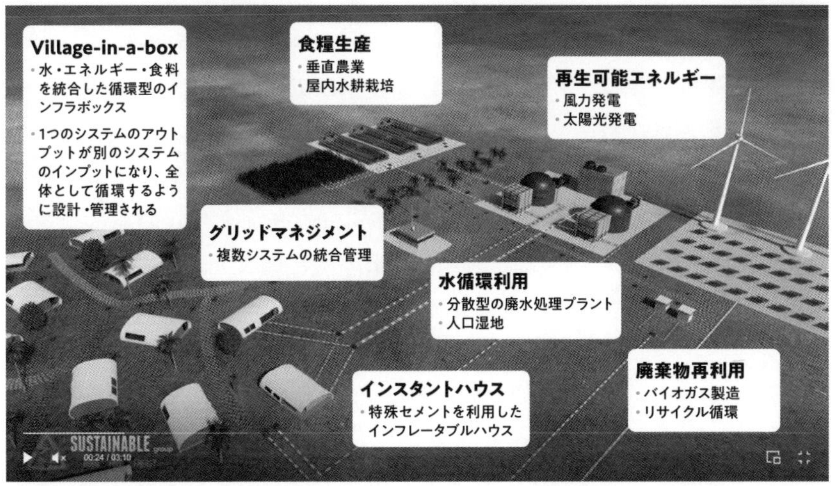

出所:Sustainable Groupホームページ

一般社団法人 Living Anywhere は、ライフラインの限界から解放された自由な生き方の実現を目指すプロジェクトです。様々なテクノロジーによって、水、電気、食料、通信、医療、教育、仕事にどこからでもアクセスできる世界の実現を目指しており、それは地方創生や災害支援などの社会問題の解決にもつながるとしています。

これらのプロジェクトには、人々が何かに妥協したり、諦めたりすることなく、住みたい場所に住むことができ、今よりも豊かな暮らしを手に入れることは可能であるという未来志向の発想が根底にあります。

人口集積を前提としない、人口規模に左右されない社会インフラが実現すれば、社会は持続性を回復します。私たちは今、その回復の途上にあると言えます。こうした生活を支えるためにエネルギーは必須のインフラです。エネルギー産業は、こうした新たな選択肢の提供に貢献することが期待されているのです。

3. 国土強靭化
――分散型インフラ技術によるレジリエンス向上

明治三陸地震津波（1896年）から東日本大震災（2011年）まで、わが国は近代化されて以降もなお、巨大地震や大津波により大規模な人命被害を繰り返し受けています。近年は、気候変動が原因と思われる台風・洪水・土砂崩れなどの災害が相次いでおり、メディアでも日常的に自然災害の報道が増えています。WMO（国際気象機関）の発表（WMO、2021）によると、世界の気象災害の数はこの50年間で５倍にも増加しています。

このような中で、政府の作業部会が「防災・減災、国土強靱化新時代の実現のための提言」（2021）を公表しています。「Disaster-ready（災害に対する備えのある）な」社会の実現に向けた取り組み案は、いずれもデジタル技術を極限まで活用することとしており、そのための「防災デジタルプラットフォーム・防災IoT」を支える電力と通信を途切れさせないこと、あるいは途切れても速やかに復旧すること、すなわち「電力レジリエンス」を向上させることが大前提となっています。

先にも述べましたが、カーボンニュートラル化を進めていく上では、エネルギーの最終消費に占める電力の割合をさらに増やすことが必要であり、社会の電力への依存度は今後、増していきます。これらの観点から、「インフラの中のインフラ」として他のインフラを支える存在である電力インフラのレジリエンス向上が極めて重要な課題となります。

しかし、東日本大震災後に行われた計画停電や、北海道胆振東部地震（2018年）後に起きたブラックアウト、2018年・2019年の台風による広域的な送配電網の被災と長期停電など、ここ10年間だけを見ても電力インフラのレジリエンスが脅かされる事態が何度も生じています。このため、政府は有識者による電力レジリエンスワーキンググループを設置して、2018年から2020年にかけて検討を行ってきました。

2019年の取りまとめにおけるポイントは、

① 被害状況の迅速な把握・情報発信、国民生活の見通しの明確化
② 被害発生時の関係者の連携強化による事前予防や早期復旧
③ 電力ネットワークの強靭化によるレジリエンス強化
④ 復旧までの代替供給・燃料の確保
⑤ 地域関連系線の増強、再エネ等電源などの分散化、最新の電源の導入や多様化・分散化の促進によるレジリエンス強化

とされています。

この取りまとめでも言及されていますが、エネルギーの分散化による地産地消の拡大や分散型インフラ構築は、レジリエンス確保の大きな手段となります。そのポイントは以下の２点です。

① エネルギー源の多様化によって国や地域のエネルギー安全保障を向上させうること
② ロケーションの分散化により、電源の集中設置などによる大規模被害を避け、大きなコストをかけずにエネルギー供給の冗長度を上げることでレジリエンス強化を図れること

ところで、電力インフラのレジリエンス強化に取り組んでいるのは、電力会社だけではありません。電気を使うユーザーやコミュニティにおいてもレジリエンス強化に向けた取り組みが進められています。電力会社、コミュニティ双方の取り組みが合わさって初めて、レジリエンスの向上につながります。

コロナ禍で「トリアージ」という言葉がよく聞かれるようになりました。限られたリソースを最大限に活用するために、緊急度や重症度に応じて治療優先度を決めることです。エネルギーについても同様に、災害が発生して電力供給が制約を受けた場合、限られた電力をどこに集中的に配分するかという「電力資源のトリアージ」を行うことが不可欠となります。

具体的な電力資源のトリアージ例としては、非常時電源用コネクター

（UXコネクター）が挙げられます（図表6）。過去の経験から、電源供給が不十分になった場合には、「どこにその電源を集中して配分すべきかの決定」と「非常用電源への接続時間」の2つがカギを握ることがわかっています。

そこで、災害発生時にUXコネクターを作動させて、あらかじめ決めたとおりに回路を切り替え、必要な電気機器に集中して電力を送ることができるようにするのです。こうした仕組みを導入することで、需要側でもレジリエンスを高めることができます。

図表6 **東京電力グループが提案するUXコネクター**

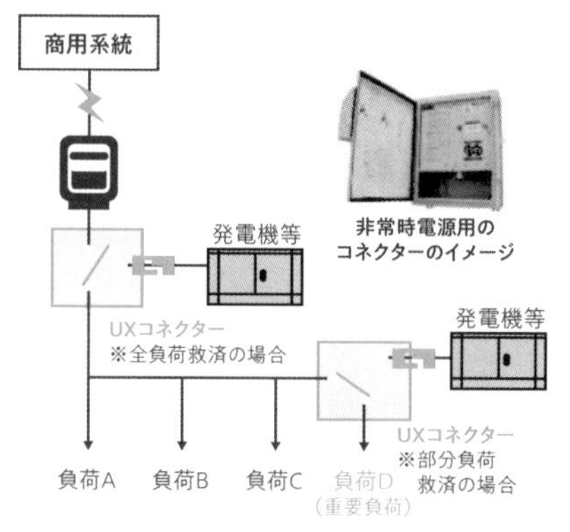

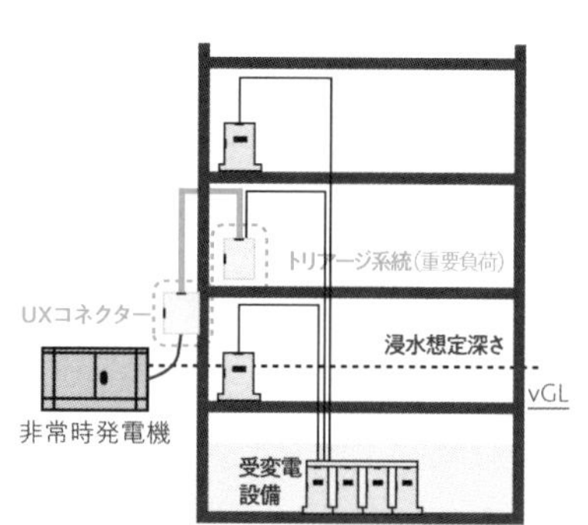

出所：東京電力ホールディングス他（2020）

電力インフラは、自らをサイバーフィジカルシステム（Cyber Physical System＝実世界にある多様なデータをセンサー等で収集し、サイバー空間で処理・分析を行い、実空間における活動を最適化するシステム）へと進化させる過程で、自身のレジリエンス強化に留まらない、より広範な役割を担うことが期待されます。具体的には、平時は電力供給を目的に運用している電力インフラを、有事の際に防災・減災を目的とした運用に切り替えるデュアルモードの仕組みを実装します。それにより送配電事業者（主に電力会社）は、国が推進する防災デジタルプラットフォームの一部として、国土強靭化に関する重要な役割を担うこととなります。

送配電事業者は電力供給のため、様々な資源を運用しています。例えば、歩道の脇などに、自動販売機より一回り小さな金属製の直方体が置かれているのを見たことはないでしょうか？

これは電力会社の所有する配電地上機器と呼ばれる装置で、無電柱化に伴い電柱上に設置していた変圧器や開閉器を収めた設備です。平時に電気を届けるために欠かせない装置ですが、これにデジタルサイネージとしての機能も持たせることで、有事の際には避難場所への誘導サインとして活用できます（図表7）。今後新たに構築するシステムや設備には、設計段階で、有事にはどのように活用するかという視点を盛り込む必要があります。

図表7 **デジタルサイネージを搭載した配電地上設備**

出所:東京電力ホールディングス

送配電事業者が電力供給のために運用する資源は、こうした電力設備だけではありません。日本各地に張り巡らされた送配電網を点検するため、送配電事業者はドローンを積極的に活用しようとしています。この設備点検のために用意したドローンネットワークは、有事の際に、電力インフラのみならず他の社会インフラの被害状況の確認などにも活用できるでしょう。

さらに、送配電事業者が運用する資源は、自社資源にとどまりません。例えば安定的に電気を作ることが苦手な太陽光発電や風力発電をできるだけたくさん導入できるようにするため、企業や家庭が保有するEVの蓄電能力の一部を、電力システムの安定運営のために活用する世界が実現すると、電力会社は、日本中のEVとネットワークでつながる送配電事業者になりえます。そして、EVは、有事の際に電気を運ぶ電源車としての役割を果たすことができます。

2019年9月に台風15号で甚大な被害を受け、長く停電が続いた千葉県では、実際にEVが「電源」としての役割を果たしました。電力システムの安定運営のために構築したEVのネットワークを、有事には、企業・家庭向け非常用電源ネットワークとして運営できるようにデュアルモードの仕組みを技術と事業の両面から実装していくことが期待されています。

以上のように、国土強靭化というナショナルアジェンダに対して、分散型エネルギー資源も含めた電力インフラが果たすべき役割は非常に大きく、電力会社などが保有するインフラと地域に分散する様々なユーザーのリソース（資源）を柔軟に組み合わせることが重要となります。

例えば有識者・企業・団体からなるコンソーシアムとして2020年に設立された「スマートレジリエンスネットワーク」は、社会の様々な分散リソースを連携し、カーボンニュートラル社会の実現と社会のレジリエンスの向上を目指しています。デジタル技術を用いて各企業や各家庭の持つ分散するエネルギー、データ、人といった様々なリソースがつながる基盤の実現に向けて、広く積極的に世間一般に働きかける活動を行っています。

4. 求められるエネルギー産業のパラダイムシフト

本章では、気候変動問題、人口減少や国土強靭化といったナショナルアジェンダに対するエネルギー産業の役割を提示してきました。

気候変動対策という観点に立つと、「石油の時代」、より広く言えば「炭化水素の時代」の終焉と「脱炭素の時代」への移行は、炭化水素（石油や石炭、天然ガス）を輸入に頼る国である日本にとって実は大きなチャンスとなる可能性があります。

だからこそ、「需要の電化」と「発電の脱炭素化」を進め、強靭なエネルギー需給構造を作ることが重要です。水素輸入については、日本がいわゆる“カモネギ”にならないように、国際水素貿易をコントロールするべく、国際貿易分野に関する技術開発や制度設計におけるリーダーシップが大きなカギを握ります。

さらに、人口減少という観点からは、分散型技術を駆使することで、人口集積を前提としない新しいインフラ創生が必要になります。

国土強靭化という観点からは、エネルギーの最終消費に占める電力の割合が増え、「インフラの中のインフラ」として他インフラを支える存在である電力インフラのレジリエンス向上がますます重要になります。デジタル技術を駆使してEVなど分散機器・設備をネットワーク化する電力システムは、災害時には、国の防災システムの一部となって防災デジタルプラットフォーム・防災IoTとして国土強靭化に大きな役割を果たします。

このように、気候変動問題、人口減少や国土強靭化といった大きな課題にエネルギー産業が対応していくためには、どのようなパラダイムシフトが求められるのでしょうか。それについては第２章で詳しく見ていくことにします。

Chapter 2

エネルギー産業の
パラダイムシフト

本章では、将来のエネルギー産業の青写真を説明します。エネルギー産業に直接携わらない人々にとっても、将来のエネルギー産業のパラダイムがどのように変化するのかが理解できるように、その本質をできるだけ具体的に提示します。

1. エネルギー産業はどのように自己変革するのか

あらゆるものがCASE化する

140年ほど前に誕生したクルマ。その普及によって、2050年まで世界の輸送需要は増え続け、人・物の輸送に関わるエネルギー消費（以下、運輸部門）の化石燃料消費とCO_2排出量が増加すると予想されています。現在、運輸部門のCO_2排出量は世界全体の16%を占めていますが、米国などクルマの普及が進んだ国では、すでに運輸部門は最大のCO_2排出源となっています。

一方、クルマは誕生以来最大の変革期を迎えており、そのカギは「CASE」だと言われています。「CASE」とは「Connected」（コネクテッド）、「Autonomous」（自動運転）、「Shared/Service」（シェアリング／サービス）、「Electric」（電動化）という4つのキーワードの頭文字をとった略語です[6]。

運転操作が自動化（A）されて、内燃機関ではなくモーターで走行し（E）、常時、全車両がネットワークによって接続され（C）、顧客や他の車両、クラウドなどとデータが連携されるようになるというわけです。クルマは顧客に「移動サービス」を提供するための「デバイス（装置）」となっていき、所有から利用へのシフトが進み、多くのユーザーに共有されるようになる（S）と考えられます。

エネルギーシステムの観点から捉えるとCASE化のインパクトは非常に大きく、クルマは化石エネルギーを消費する存在から、搭載するバッテリーを使って脱炭素化されたエネルギーシステムを支える存在へと変容していく可能性を秘めているのです。

まずは主力電源として大量導入が進む太陽光発電や風力発電など、発電出力が天候次第で変動してしまう再生可能エネルギーの変動を電気自動車（EV）のバッテリーで調整することで、その調整コストを大幅に下げる役割が期待されます[7]。

EVの比率を増やせば、再エネの導入が加速し、電力部門のCO_2も削減され、再エネを増やすことで運輸部門のCO_2排出を減らすことができます。筆者らも、バッテリーを結節点として、運輸システムとエネルギーシステムが融合することへの期待を強く抱いています。

さらにCASE化が進めば、1人あたりのクルマの所有台数も減り、結果として素材部門におけるCO_2削減効果も期待できます。このような好循環を実現することで、運輸部門のCO_2排出量はいずれゼロとなり、その効果は他領域のCO_2排出削減にも波及していきます。つまりクルマは、カーボンニュートラル化のキーコンポーネントとなり、社会インフラの一翼を担う存在へと華麗な変容を遂げることでしょう。

CASE化の背景には通信環境の進化があります。すでにIoT（Internet of Things：モノのインターネット）の普及が進んでいますが、通信インフラが進歩し4Gが5Gになり、5Gが6Gに置き換わっていくと、常時、やり取りできるデータの量が飛躍的に増え、情報伝達に伴う遅延も減り、IoTでできることが爆発的に増えていきます。現在はコネクテッドではない、つまりインターネットにつながれていない機器も、コネクテッド、すなわちつながっていることが常態化します。

例えば、少し離れた場所にある駐車場にクルマが停まっているか、誰かが使っていてそこにないか、バッテリーの状況がどうなっているかなどが、自宅に居ながらにしてスマートフォンのアプリでわかります。あるいはオンラインカレンダーが移動の必要性を自動で判断し、勝手に予約スケジュールを調整することも可能になるでしょう。

こうなると、1台のクルマを複数人で共有するというシェアリングが、無理なく実現します。もちろんコネクテッドになっていなくてもカーシェアリングは可能ですが、利便性が格段に向上して初めて普及拡大が期待できるのです。

カーシェアリングが実現すると、1人ひとりのエンドユーザーが負担するクルマの固定費が軽減されていき、いずれ走行距離や利用時間に応じた料金も徴収されなくなります。このことについては後述します。

通信環境が進化し、種類も量も増えたビッグデータを分析するのはAIです。その進展の度合いによって人間が介在することなくクルマを自動制御できるようになり、その状況が遠方からでも把握しやすくなります。こうして複数人でシェアリングされるコネクテッドなEVが、必要な時には玄関先にスタンバイしてくれている。移動手段の確保を意識しなくてもよい、移動サービスの提供が可能になると期待されます。このようにクルマのCASE化は、自動車産業のあり方を大きく変え、移動サービスを提供するMaaS（Mobility as a Service）産業化していくことになります。

CASEとなったクルマは、移動ロボットとしての側面のほか、移動可能な分散型電源（DER: Distributed Energy Resources）としての側面も併せ持ちます。住居や事務所が災害など何かしらの原因で配電網から孤立しても、そこにEVが1台あれば当座の電力は確保できるというわけです。

EVとして最も普及しているテスラのモデル3が搭載するバッテリーは54kWh（普及価格帯のモデルの場合）、一戸建てに住む3人世帯の場合、1カ月あたりの平均電気使用量は386kWh/月ですから[8]、EV1台のバッテリーに貯めておける電気は、一世帯の使用量の4日分に相当します。バッテリーの高性能化・大容量化も進んでいますので、2030年には1週間程度の電気を蓄えられるようになっていることでしょう。

EVが普及するためには、充電のためのインフラの整備が必要となります。そのために、場合により電気を消費者に送り届けるネットワーク型の電力グリッド（網）を整備し、強化する必要も出てきます。一方、台風など自然災害によってエネルギーインフラが被災したとき、EVのバッテリーを地域の分散型エネルギーとして非常時用に活用できるので、EV とエネルギーインフラに相互補完関係が生じます。

第1章で述べたように、人口減少は従来のような網の目が張り巡らされたようなグリッド型のエネルギーインフラの維持を困難にします。しかし、そこに EV というオフグリッド（ネットワークから独立した）型の分散型電源が加われば、充電インフラを含むセミオフグリッド型の統合インフラが構築できます。カーボンニュートラル達成という観点からも、災害時のレジリエンス確保の観点からも、エネルギーインフラと MaaS インフラのシナジーはますます大きくなるでしょう（図表1）。

図表1 **電力×通信×モビリティのネットワークインフラ融合**

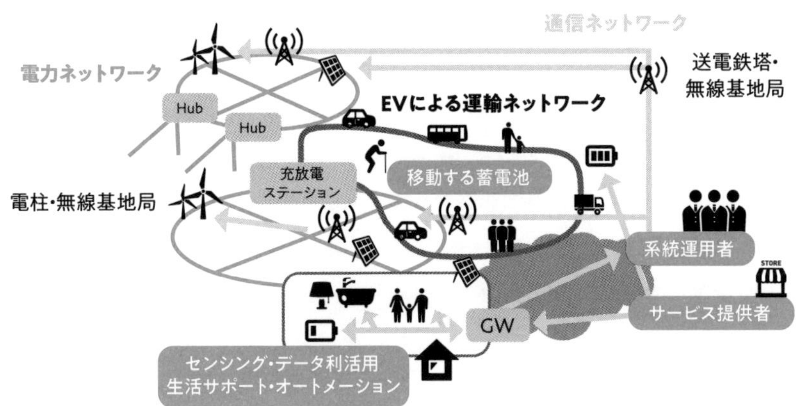

出所：岡本（2020）を基に筆者作成

こうして、クルマの将来像は、「自律運転用 AI を備え、再生可能エネルギーやバッテリーなど分散型電源のエネルギーでモーター駆動され、他のデバイスやクラウド、ユーザーと常に情報をやり取りしながら、安全で快適な移動というユーザー体験（MaaS）を提供するためのロボット」となり、エネルギーの将来像と重なっていくのです。

CASE となるのはクルマだけではありません。クルマ以外のデバイス（装置）でも、同じような変容が想定されます。

例えば、家事を手伝うロボットを考えてみましょう。すでに自動化された掃除機ロボットを使っている人もいるでしょうが、たいていの家庭では、その稼働時間は短いのが実態です。この掃除用ロボットをコネクテッドにして、自動運転のドローンなどによって必要な時だけ配送されてくるようにしてシェアリングすれば、1人ひとりは「より低コストで自動的に部屋がきれいになる」というユーザーエクスペリエンス（UX）を体験できることでしょう。筆者らはこのようにUXを提供するサービス事業者を「UXコーディネーター」と呼んでいます。

最近ではコロナ禍でのリモートワークの増加により、住宅分野において多拠点生活を可能とする定額制のサブスクリプション（サブスク）サービスも登場しています。家具や電気製品などの利用料、水道・光熱費や通信費はサービス料に含まれることになり、今は購入があたりまえのオーブンレンジや食器洗浄機なども、定額制のイエナカサービスとしてLaaS（Life as a Service）化していく可能性があります。

このようにユーザー体験を"as a service"として提供するMaaSやLaaSにはユーザーとの接点に共通点があります。それらをUX提供装置の構成要素という観点で改めて整理し直すと、

① 光・熱・動力（筆者らは「電熱」「電動」と呼ぶ）などサービス提供のためにリアル空間への働きかけを行うモーター、LEDなどのアクチュエーター群と、リアル空間の状態を検出・把握するためのセンサー群（Electric）
② リアル空間とサイバー空間をつなぎ、リアル空間の状態をデータとしてサイバー空間に伝えたり、サイバー空間で最適化された結果をリアル空間に伝える低遅延の高速ネットワーク（Connected）
③ エッジ（利用者の近くに分散配置された処理装置）とクラウドにより「データ×AI」で自動化・最適化を行う計算処理装置とソフトウエア（「電脳」）（Autonomous）

に分解できます。これらはMaaSでもLaaSでも共通です。その多くは共有型経済（シェアリングエコノミー）[9]の中で「共有財（コモンズ）」としてシェアリングされ

ていく可能性が高いと思います。

第1章では、カーボンニュートラルを目指すために、世の中の機器や装置の大半を電気または水素燃料で駆動する「需要の電化」が必要であると指摘しました。現在は電化されていないものも電化することで、エネルギー利用効率が増すだけでなく、燃料を調達して補給するなどの運用コストが下がったり、直接燃焼による排熱ロスが減ったりすることで作業環境が快適になるなど、新たな付加価値が生み出されます。

さらに対象物を精密に測定できたり、燃焼などの複雑なプロセスが不要なことから効率よく正確に制御できたりする電気の特長は、IoTや「データ×AI」によって最大限引き出すことが可能になります。クルマだけでなく、多くの機器や装置が電化され、通信でつながれて自動化され、シェアリングされるようになる将来が近づいています。

このような、あらゆるもののCASE化こそが、日本政府が目指すSociety 5.0（デジタル空間とフィジカル空間を高度に融合させた社会システムの近未来像）の1つの目標地点であり、それによるエネルギー利用や産業構造の変容は、カーボンニュートラルに向けた大きな力になることでしょう。

Software Defined Everything（SDx）へと組み込まれるエネルギー

多くのものがCASEとなり制御される社会では、様々なサービスが「データ× AI」というソフトウエアによって実現され、代替されていきます。しかし、すべてがサイバー空間の活動で置き換えられるわけではなく、リアル空間でのフィジカルな活動は残ります。このフィジカルの部分は電気で駆動・制御されるメカによって担われます。こうした時代にエネルギー事業者に求められるのは、これら全体のUXのアーキテクチャをデザインし、アップデートすることです。

テスラのEVは電気で駆動・制御されるメカの代表例ですが、このメカはOTA（Over The Air）と呼ばれるワイヤレスによるアップデート（更新）機能により、絶え間なく性能を向上させています。更新される対象は走行性能や航続距離に限りません。後部座席で見られる動画など、あらゆる側面で移動時のUXを更新しているのです。また、通常であればリコールが必要なトラブルシューティングも、OTAによるソフトウエアの設定変更で対応することもできます。今後、LaaSが普及すれば、そこで利用される多くのメカやデバイスも、日々性能と機能を向上させていくでしょう。

日常生活において、この種の体験が実感できるのはエンタテインメントの分野かもしれません。例えば、この10年でも、専用のゲーム端末とゲームソフト入りのカセットが汎用のスマホとクラウドからダウンロードされるソフトウエアに置き換わってきました。音楽や映像を見る際も、CDやDVDプレイヤーという専用ハードウエアから、スマホやテレビなど汎用ハードウエアへのストリーミングサービスに移行しています。つまりクラウドとそこに搭載されたソフトウエアによって、専用の装置が仮想化されて置き換わったわけです[10]。

このように、専用のハードウエアを汎用のハードウエアとソフトウエアで置き換えることを、SDx（Software Defined Everything）と呼びます。高価な専用ハードウエアが、CPUやGPUの高性能化に伴って汎用ハードウエアとアップデート可能なソフトウエアに置き換えられることで、クラウド事業者には大きなスケールメリットが働き、ユーザーは安価で利便性の高いサービスを利用できるようになっています。

GAFAM（グーグル、アップル、フェイスブック、アマゾン、マイクロソフト）やBAT（バイドゥ、アリババ集団、テンセント）と呼ばれるクラウドプラットフォームの覇者的な企業の興隆は、その事実を裏付けています。しかし、前述のとおり、手で触れられるリアル空間のフィジカルな世界は残ります。フィジカルな世界では多くの日本企業が強みを発揮できます。第4章で詳述しますが、サイバー空間のプラットフォーマーはグローバルにその支配的勢力を拡大しているものの、フィジカル空間ではローカルであるということは、注目すべき点です。

LaaSが提供する体験とそこにエネルギーシステムがどのように組み

込まれるかを表現してみると、図表2のようになるでしょう。カーボンニュートラル化に伴なってリアル空間でのフィジカルな活動（電動・電熱）を支えるエネルギーは、非化石エネルギーを変換して得られた電気となり（図中右下）、デジタルなサイバー空間（電脳）の活動を支えるのも電気となります（図全体の上3分の2ほど。デジタルとフィジカルの境界を示した線より上）。

図表2 **顧客体験の創出とエネルギー**

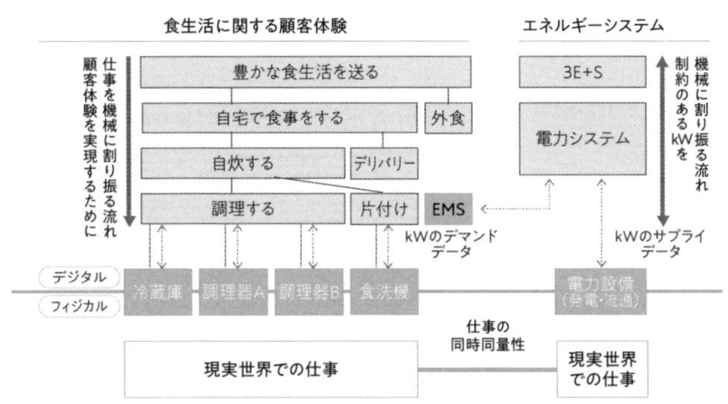

出所:筆者作成

詳しくは後述しますが、いつでも使いたいだけ電気を使えるようにすることは難しいので、そのタイミングで得られる、限られたエネルギーをEMS（エネルギーマネジメントシステム）により最適に割り振ることが必要となっていきます。このサービスでは、自宅で食べたい時に食べたいものを食べるという豊かな食生活にまつわる顧客体験に値段がつくことになります。

前項でカーシェアリングについて、走行距離や利用時間に応じた料金は徴収されなくなると書きました。これは、エネルギー産業のビジネスモデルがインターネットに近づいていくことを示しています。

ただし、インターネットの世界では、技術革新によって処理・伝送できる情報量が指数関数的に増大し、通信の品質についてはベストエフォート型で提供されるのに対して、エネルギーの世界では、「生み出されるエネルギー」や「伝送できるエネルギー」の量の限界という制約や、いかなる場合でも消費と供給の同時同量性を満たさなければならないという財としての特殊性がつきまといます。

インターネットの黎明期とも言える1990年代は、通信を利用する場合には利用時間やネットワークに接続してダウンロードしたデータ量に応じた支払い（従量料金）が発生していました。同じ時間だけインターネットを利用しても、容量の小さなテキストデータをやり取りするのと、大容量の動画をダウンロードするのとでは課せられる料金が異なっていたわけです。

しかし、多くのインターネットサービスプロバイダー（ISP）が月額定額制のサービスを提供するようになってから、ユーザーは利用時間やデータ量を気にせずにインターネットを使うようになり、常時接続による通信利用があたりまえになっていきました。インターネットのコストのほとんどは、通信インフラ構築のための設備投資と設備のメンテナンス費であるため、原価構成も固定費主体であり、実際に流したデータの量によって増加する変動費がほとんどないことが定額制への移行を促した要因でしょう。

一方、エネルギー産業では化石燃料を利用するため、その燃料費となる変動費が供給コストの相当部分を占めるというのがこれまでの常識でした。ところが、順調にカーボンニュートラル化が進めば、化石燃料消費が減っていくので、燃料費がエネルギーコストに占める割合もゼロに近づいていくことになります[11]。究極的に化石燃料消費がゼロになると、エネルギー供給の限界費用もゼロに近づいていきます。この場合、エネルギー供給コストも、再エネ、蓄電池を含む分散型電源・送配電ネットワークなどのインフラに対する設備投資とメンテナンス費が中心となるので、インターネットと同様のコスト構造になると予想されます。

その意味において、いわば、「エネルギー産業のインターネット化」が起き、将来の電気料金も大きく変わるでしょう。従量料金部分は小さくなり、エンドユーザーが負担するのは月あたりの常時接続料が中心になるはずです。もちろんインターネットとの違いもありますが、そのための留意点については後述します。

インターネットの場合、大半のユーザーは、動画データ100MBをやり取りするために料金を支払っているのではなく自宅で映画が見られること、出勤しなくても仕事ができること、様々な買い物ができることなど具体的なUXを享受するための基本料金としてISPや携帯電話会社（キャリア）に常時接続料を毎月支払っていると感じているのではないでしょうか。

これと同様に、将来のエネルギー事業者は他産業の事業者と融合しながら、インフラ、デバイス、そしてアプリと、多層に積み重なるUXに対してエンドユーザーから対価を得ることになります。

こうした変化は、産業界の地図をドラスティックに書き換えます。SDxが進むことであらゆる産業におけるサイバー空間の比率が高まってリアル空間の役割を代替していくため、デジタル分野の巨人であるGAFAM・BATなどの影響力が強まっていきます。エネルギーと密接に関連するモビリティ（MaaS）の世界では、グーグルやテスラなどが膨大なデータを基に「データ× AI」による自動運転技術の開発にしのぎを削っています。さらにこれらの企業はクルマの電動化を先導し、ソフトウエアによるUX提供の比重を高めることで、いわばクルマのスマートフォン化を進めており、この領域で互角に戦える日本企業は現時点ではほぼいないと思われます。

2. 定額化し消滅していく電気料金

「エネルギー産業のインターネット化」についてさらに理解を深めるために、現在の電気料金の仕組みをおさらいしておきましょう。現在、電気料金は、大きく分けて以下の３通りになっています。

①　定額料金制

電灯のワット数や機器の容量によって料金を決める方法で、毎月の支払額は定額となります。素朴で簡明であるため、電気事業の草創期に用いられました。一方、電気の使用形態が多様化すると対応が難しく、結果として化石燃料消費を助長する懸念から、やがて街路灯など決まった時間にほぼ決まった量の電気を消費することがわかっているような特殊な契約でしか使われなくなりました。

小売りの全面自由化が進んだ現在では、わかりやすさを重視して、1カ月の電力消費量が一定以下の場合には、電力消費量によらずに月額一定の料金とするメニューも登場してきました。しかし電気の供給コストの多くを変動費が占めていますから、あらかじめ定めた電力消費量（例えば月400kWh〔キロワット時〕など）を超えた場合には、超過分について次に述べる従量料金が加算されることが一般的です。

②　従量料金制

定額料金制とは異なり、使用電力量に比例する料金とする仕組みであり、歴史的には定額料金の欠点を補うために発展した方法です。電力小売り全面自由化後には、基本料金なしという謳い文句から採用されるケースが増えています。もともと電気代に占める火力発電の燃料費が大きいことから考えると使用量に比例して課金するのは合理的ですが、使用量がゼロの月には料金額もゼロとなって、送配電ネットワーク使用料などの固定費の回収漏れが生じます。このため、月額最低料金が設定されるケースもあります。

③　基本料金制（二部料金制）

基本料金制は、いわゆる契約高（kW＝キロワットもしくはA〈アンペア〉）に応じた基本料金と、使用量（kWh）に応じた電力使用量料金を加算して料金額を決める方法で、最も広く普及しています。基本料金制は、負荷率（＝平均電力（kWh）÷最大電力（kW））が高いほど、kWhあたりの料金が得になるため、負荷率の改善につながる料金とも言えます[12]。契約高はあらかじめ決められることもありますし、計量器で測った最大需要の実績値（実量）によって決めることもあります。

2020年現在、総発電量の7割以上が火力発電で賄われ、その燃料費は電力供給コストの相当部分を占めていますが、いずれは電力供給コストに占める燃料費がゼロに漸近していきます。

前述のとおり、電気料金は一般的に契約電力に基づく基本料金と電力使用量（kWh）に応じた電力量料金によって決定されていますが、後者はなくなっていき、契約電力という考え方のみが残ります。定額制といっても最大で何kWh使うかという契約電力の大きさで料金が設定されることになります。

契約電力の概念が残るのは、電力の場合は、インターネットなど他の財と比べると、消費と供給の同時同量性が求められるという特性があるからです。やり取りするのがデータであれば、容量以上のデータを送受信するときには、一時的にメモリに蓄積したり、多少ダウンロードに時間がかかったり、動画再生前の遅延を許容してもらうことも可能でしょう。しかし電力の場合は貯蔵が難しく、需要に対して常に過不足ない供給が求められます。したがって、ある月には最大で何kWh使う可能性があるなどの実態に合わせ、何kWhまでは自由に使えるという権利として契約電力の概念が残るのです[13]。

このことは、電力の売買が金融取引における「コールオプション化」していくことを示しています。コールオプションとは、あらかじめ決められた期間内に決められた価格で決められた商品を購入する権利のことですが、電力についても決められた期間内に決められた価格[14]で契約電力の範囲内で電気を使用できる権利を得られるように、契約形態が変わっていくということです。ユーザーから見れば、契約電力が大きいほど、享受できるサービス（UX）の量・種類も増えていくことになります。一方、UXを損なわずに電力のピーク消費を契約電力の範囲内に抑えるために、あらゆるデバイスにEMS（エネルギーマネジメントシステム）が組み込まれることになります。

もし契約電力以上に電力を使う必要が出てきた場合には、供給量に余裕があれば、追加料金を支払うことで超過利用を可能にすることもありえますが、あくまで余力の範囲で使えるという利用形態（ノンファーム契約[15]）が原則となります。これは無制限で利用できるほど発電設備にも送配電系統にも潤沢な余裕がないからです。

こうした電気料金の定額化は、まず産業用など大口需要家から進みます。一般家庭向けは、先に述べたように、LaaSやMaaSなどのUXコーディネーターがエネルギー供給者から契約量ごとの定額で電力を調達し、エンドユーザーはUXコーディネーターから提供される定額サービスのサブスク料金を払う中で、電気料金を間接的に負担することになるでしょう。「家計から電気代が消える」わけですが、この実現には、エネルギー事業者が他のサービス提供に溶け込んでいく必要があります。

3. 価値が反転する電力量──kWh・kW・非化石価値

前節では、電力の限界費用がゼロになっても、無制限に電力を使えるほどの潤沢なエネルギー供給は難しいと述べました。特に日本は、米国や中国と比べて不利な条件の下にあります。

そのことを直感的に理解する手助けとして、まず右ページの図表3を見てください。このマップはケンブリッジ大学の故デイビッド・マッケイ教授が考案したもので、横軸は国ごとの人口密度、縦軸は当該国での１人１日あたりの消費エネルギー（電気のkWhに換算したもの）を示しています。

このマップ上では縦軸と横軸の値を掛けた積は、その国の国土面積あたりのエネルギー消費、すなわちエネルギー需要密度を表しています。図中で右上にプロットされている国ほど、エネルギー需要密度が大きく、左下の国ほどエネルギー需要密度が小さくなります。なお、マップ上の国ごとの円の面積は国土の面積に相当しています。

マップ中で右下がりに引かれた直線は、各エネルギー源が単位面積あたりどれだけ得られるかを示しています。例えば風力発電の出力エネルギー密度は、風況のよい場所ではこのグラフにあるとおり年間平均で

図表3 デイビッド・マッケイの世界地図[16]

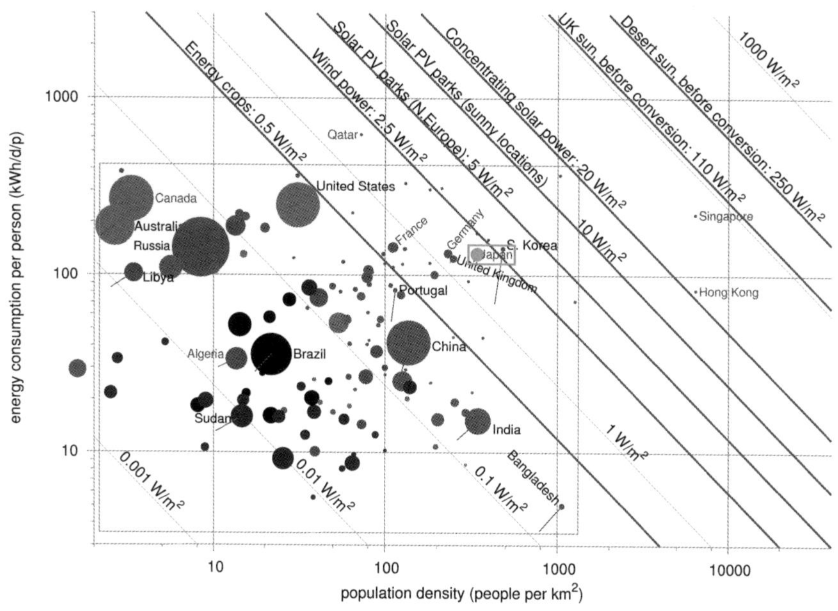

出所:David MacKay (2013)

2.5ワット/m²であり、1m²あたり2.5ワット時（1km²あたり2,500kWh）のエネルギーが１時間あたり平均的に得られます。

人口密度が100人/km²の国土のエネルギーをすべて風力発電で賄うとすれば、１人１日あたり2500×24÷100＝600kWhのエネルギーを使えることになります。これに対応して、マップ中では風力発電の斜め線について、横軸を100とした場合の600となっています。国土のすべてが風力発電の適地でかつ国土を風力発電で埋め尽くした場合に、斜めに引かれた直線の左下にある国のエネルギーを賄うことができるというわけです。日本は太陽光発電や風力発電の直線の左下にあります。国土すべてが風力発電や太陽光発電の適地であって、しかもすべての国土を発電用途に使った場合ですから、実際に賄える量はずっと小さくなります。

一方、米国、中国、オーストラリア、カナダ、ブラジルなどは、この図中で日本よりも１桁程度以上、単位面積あたりのエネルギー需要密度が小さいので、再エネで国内のエネルギー需要を賄える可能性が高くなります。ただし中国では今後エネルギー消費がさらに拡大していくことに留意が必要です。

IEAの公表しているデータで確認してみると、日本の再エネ導入量は設備容量の絶対値で見て世界第６位、太陽光発電では第３位となっており、国土面積あたりの導入量で見れば、既に世界有数と言えるのですが、エネルギー需要密度も大きいので、発電電力量に再エネが占める割合で見ると、他国に見劣りする結果になっています（**図表４**）。このような国土のハンディキャップを克服するために、英国や欧州などと同様に、日本も洋上の電源開発に取り組もうとしています。このことは第６章で改めて取り上げます。

また日本ではコストの問題も残されています。図表５に示した国際再生可能エネルギー（IRENA）のデータによれば、太陽光発電や陸上風力発電のような出力が変動する自然変動電源（VRE）の均等化発電原

図表4 **国土面積あたりの電力需要、再エネ発電量などの国際比較（2020年実績）**

	諸元		電力需要密度（億kWh/万㎢）	国土面積あたりの再エネ発電電力量（億kWh/万㎢）下段は2020年の発電電力量（億kWh）				発電電力量に占める再エネ比率（%）
	国土（万㎢）	発電電力（億kWh）		太陽光	風力	水力	再エネ計	
米国	983	40,680	**41.37**	1.21 1,189億	3.37 3,312億	3.25 3,194億	**8.56** 8,413億	**21**
中国	960	74,180	**77.29**	2.74 2,627億	4.86 4,663億	13.71 13,156億	**22.42** 21,518億	**29**
英国	24.4	3,002	**123.03**	5.36 131億	31.19 761億	3.10 76億	**55.24** 1,348億	**45**
フランス	64.4	5,107	**79.30**	2.30 148億	6.27 404億	10.07 648億	**19.86** 1,279億	**25**
ドイツ	35.7	5,434	**152.21**	14.51 518億	36.35 1,298億	6.93 247億	**71.09** 2,538億	**47**
スペイン	50.5	2,530	**50.10**	3.92 198億	10.78 544億	6.60 333億	**22.52** 1,137億	**45**
イタリア	30.1	2,732	**90.75**	8.49 255億	6.16 185億	15.95 480億	**38.81** 1,168億	**43**
日本	37.8	9,598	**253.92**	21.72 821億	2.32 88億	23.59 892億	**54.77** 2,070億	**22**

出所:IEA "Monthly Energy Statistics"、米国Central Intelligence Agency "The World Factbook"を基に筆者作成

図表5 主要なVREの発電コストの推移

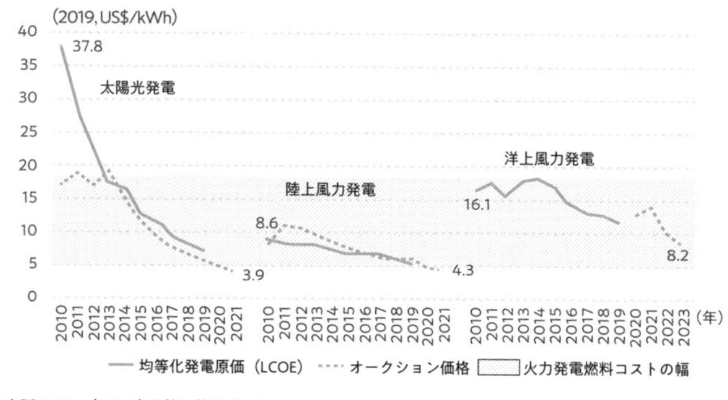

出所:IRENA (2020) を基に筆者作成

図表6 メガソーラー建設コストの国別推移

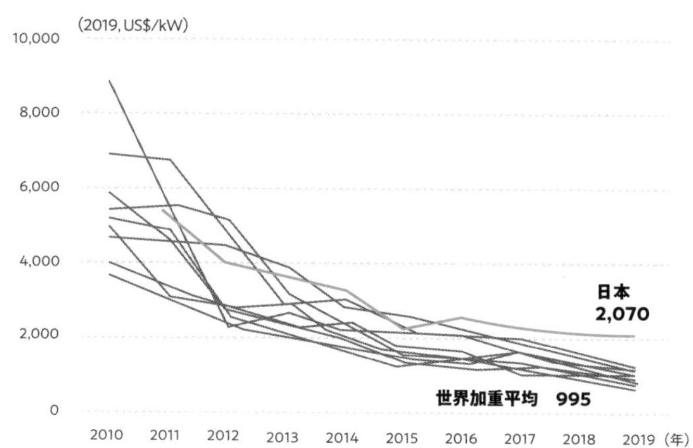

出所:IRENA (2020) を基に筆者作成

価は、世界平均で見れば火力発電燃料コストの幅の下限近くになっています。しかし、日本の再エネは世界的にはまだ割高です。図表6はメガソーラーの例を示しています。日本は世界平均の倍です。

ここで、電気についての理解を深めていただくために少し補足しますが、電気には以下の4つの価値があります。

① kWh（キロワット時）価値：エネルギーとしての電気の価値

② kW（キロワット）価値：必要なkWhを需要に応じて発電するための設備を確保する価値（キャパシティ価値）
③ ⊿kW（デルタ・キロワット）価値：需給変動をフレキシブルに調整して電力品質を維持するための価値
④ 非化石価値：CO_2排出削減に貢献する価値

①～③はエネルギーの安定供給に、④はカーボンニュートラル化に関わる価値です。

①の取引価格は、繰り返し述べてきたとおり、化石燃料消費の減少とともに低下していきます。反対に④の価格については、2050年のカーボンニュートラルに向けて、CO_2排出量を低減させていかなければなりませんから、年々上昇していくと見込まれます。

もちろん、再エネの発電コストが、石炭火力発電所の燃料費よりも安くなるならば、再エネを増やすことでCO_2排出に制約をかけなかった場合の社会全体のコストが低減します。そうなれば、カーボンプライスがマイナスになって、非化石価値を考慮しなくても再エネが競争市場の中で自然に増加するはずですが、なかなかそのようにはならず、再エネ補助政策が継続しています。

今後、②と③がどうなるかをもう少し考えてみましょう。

出力変動の大きい再エネの比率が増加して②のkW価値（キャパシティ価値）、③の⊿kW価値のニーズが高まる一方、kW価値、⊿kW価値の主たる担い手である火力発電が減っていきますから、将来的にはkW価値と⊿kW価値は希少になっていきます。

例えば、洋上風力発電の発電量は夏季には減少してしまいますが、暑くなる夏季には冷房を利用するためにエネルギー消費は大きくなります。同様に、需要が増加する冬季は積雪によって太陽光発電の発電量がほとんどゼロになってしまう地域も多いでしょう。このような季節的な需給のギャップを蓄電池で埋めることは困難です。

このため、再エネで需要に応じた発電設備を確保するためには、火力発電などと比較して膨大な設備（kW 出力）が必要になります。

岡本（2020）[17]の試算では、2050年時点では同じ kW 価値を確保するために、太陽光の場合、火力発電と比べて16倍、風力の場合には４倍程度の設備容量が必要になります。

一方で、前述のとおり、需要密度の高い日本では再エネだけで最大電力を賄うことは他国に比べて各段に難しいのです。このことから、わが国において kW 価値が潤沢に手に入ることは極めて困難であり、カーボンニュートラルに向かいながら、安定供給を維持するために非化石エネルギーをどのように確保していくかが大きな課題になります。第１章で述べたとおり、原子力発電や水素・アンモニア発電などが相当量必要になると見込まれ、再エネ１本ではなく、脱炭素電源のポートフォリオが重要になります。

③の⊿kW 価値も同様ですが、比較的短時間の需給ギャップは、蓄電池技術によって賄うことができます。カーボンニュートラルに向けてクルマの EV 化が進めば、クルマに搭載する蓄電池を⊿kW 価値の担い手としたり、kW 価値のために確保した水素発電設備の出力を需給変動に合わせて調整し、再エネも出力制御するなどして一定の⊿kW 価値を提供できるようにすることも可能です。

したがって、非化石エネルギーのポートフォリオで kW 価値を充足しつつ、EV の蓄電池などを柔軟に利用できる仕組みを作れれば、⊿kW 価値は自ずと市場で充足されることになります。このことから、市場任せでは充足されない kW 価値と非化石価値の確保をどうしていくかが、日本のエネルギー安定供給確保と、カーボンニュートラル実現の最大の課題になっていくと想定されます。

kWh 市場だけでは確保されない kW 価値の確保については、すでに、ドイツや米国テキサス州などで「戦略的予備力確保」、英国・米国北東部・フランス・イタリアでは「容量市場」などいわゆる「容量メカニズム」が整備されており、日本でも容量市場を導入しています。

とはいえ、日本は、政府の政策措置（固定価格買取制度など）の後押しによって、国土面積あたりで見ると多くの再エネを導入しているにもかかわらず、エネルギー消費に占める割合は限られ、他国に比べて価格も高止まりしたままです。

安定供給維持の面では、一部、すでにエネルギーの潤沢さを満たしているカナダやノルウェーなどを除いた欧米のほとんどの国や地域では取り入れられているkW価値調達のための「容量メカニズム」の実装にも課題があります。

「容量メカニズム」の1つとして選択されたはずの「容量市場」(2024年度移行の設備容量を取引)はようやく導入されたものの、導入後に批判も出ています[18]。kW価値確保の必要性が十分に理解されていない現状では、将来の安定供給維持に懸念材料が残るばかりです。非化石価値の重要性については認識されていますが、カーボンプライシングをめぐる議論はその途上にあります。

これらの市場や制度設計をどのように刷新していくべきかについては、第5章で詳述します。

4. 広域化と分散化の同時進行

分散型電源(DER)が普及すれば、大型の水力・火力・原子力発電所で大半の電力を賄っていた時代と比べれば、よりエンドユーザーの活動(エネルギー消費場所)に近いところに、規模の小さい発電設備や貯蔵設備が増えていくことになります。DERによるエネルギーの分散化は、ネットワーク型のエネルギーインフラの維持が難しくなる地方にとって大きなメリットをもたらします。これからは、地域特性に応じたカーボンニュートラルな発電設備を選択し、エネルギーの地産地消を進めることが重要です。身近にエネルギー源があれば、供給が途絶するリスクも減ります。また需要密度が非常に低いところでは、オフグリッド化によってネットワークのコストを下げることもできます。

一方で、図表3(53ページ)のマッケイのマップからも類推できるとおり、都市部などエネルギー需要密度の大きい地域では、その地域に設置可能なDERのみで地域の消費エネルギーを賄うことはできません。これとは逆に人口密度が低くエネルギー需要密度の小さいエリアには、より多くの安価な再エネを設置することができます。

たとえば洋上風力発電では、風況の良さから、北海道・東北地方など東日本でも北部の洋上での開発が期待されています。このため、地産地消で賄えないエネルギーは、ある程度、遠隔に立地される電源から需要地までを結ぶ電力ネットワークの広域化によって賄われることが必要になります。したがって、一見、相矛盾するようですが、電力ネットワークの分散化と広域化が同時に進行することが想定されます。

脱炭素化に向けた各地域における電化の進展や広域的なネットワークの増強コストを考慮に入れて、どの程度、地域内で電力の需要と供給のバランスをとるのが国民負担の面で最適かを一定の仮定の下で分析した結果[19]を図表7に示しています。

図表7 2050年のエリア別需給バランス想定（電力9社ベース）

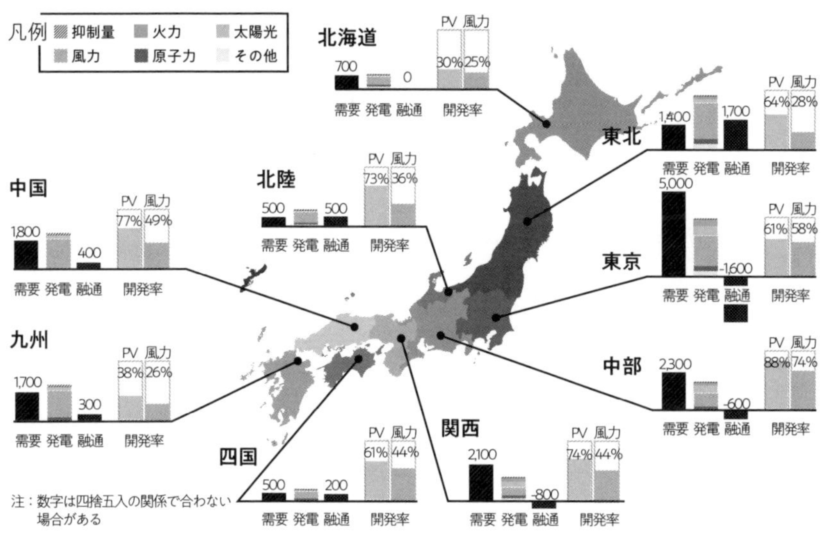

出所：岡本（2020）

東名阪の三大都市圏は、エネルギー消費が多いため、地域内の電源だけですべての需要を賄うことはできませんが、それでも６割以上は地域内の電源で賄うことが可能だと考えます。不足した分も、輸送費の安い近隣地域から電力を購入することで対応が可能です。さらに安価なCO_2フリーエネルギーが豊富に得られる地域に産業を移転したり、新産業を創出したりするといった地産地消の促進も考えられます。

以上のように、2050年のエネルギー需給を計画・設計するにあたっては、分散型リソースの積極活用を前提に、地域内で需給を上手にバランスさせながら広域的なネットワークインフラと最適に組み合わせることが重要となります。

広域化はネットワーク内の需要の平準化にも寄与します。例えば米国は東西に広いため、西海岸は需要が減る夜でも東海岸は需要が増える昼であるといったエネルギー利用の時差が生じます。こうした時差、さらには天候の不均一があると、北米全体で見たトータルの消費電力量は平準化されます。

日本の場合は国内に時差がなく、日の出や日の入りの時刻も東西の端でそれほど極端に違いませんが、地域により天候はかなり異なります。天候によって出力が左右されるDERの出力変動は、設置されている地域によってそれぞれ異なりますが、これを広域的なネットワークでつなぐことで、大数の法則によって出力変動の合計量は平滑化され、変動率は小さくなります。

このようにネットワークを広域化することで、需要・供給両面の平準化のメリットが期待できます。もちろん全国的に降雨が１週間続くという事態も考えられるため、そうしたケースへの備えも必要です。

平準化効果を最大にしようとするのであれば、世界中を同じ電力ネットワーク（グリッド）でつなぐというアイデアも出てきます。どの時刻にも、電力ネットワーク内のエネルギー消費も、太陽光発電などDERの出力も、平準化されるはずです（どこかの地域が夜だったり曇っていたりしていて太陽光発電が行えなくても、地上の別のどこかには陽が当たっていて発電できるため)。もちろん世界をつなぐ電力ネットワークの実現には、経済的・技術的な課題があり、まだまだインターネットのようにはいきません。

しかし広域的なエネルギーフローをグローバルな視点で捉えることは、エネルギー資源の乏しい日本にとっては極めて重要な発想なのです。カーボンニュートラル化が日本の一次エネルギー輸入にどのような影響を与えるかを考えてみましょう。

図表8は日本に向かっている化石エネルギーのフローです。日本は原油・LNG・石炭のほとんどを海外から輸入しており、供給先の多様化を図っているものの、いまだに中東への依存度が非常に高い状況です。

日本がカーボンニュートラルを達成し、再エネや原子力などでエネルギー消費を充足できるようになれば、このような化石燃料の輸入は不要となり、エネルギー安全保障も劇的に向上し、資源国に流出している燃料コストも不要になります。

実際には前述のとおり、日本はエネルギー需要密度が高いため、少なくとも当分の間は国内での完全なエネルギーの地産地消は難しく、不足分を何らかの方法で補う必要があります。

オプションとしては図表8に示すように、バイオマス燃料やCO_2フリー電気に加えて、CO_2フリー水素の輸入も考えられます。しかし、これらの輸入依存度が高ければ、エネルギーコストが他国に比べて高止まりしたり、エネルギー安全保障が脅かされたりる懸念があるわけです。

図表8 日本が輸入している化石エネルギーの内訳と供給先

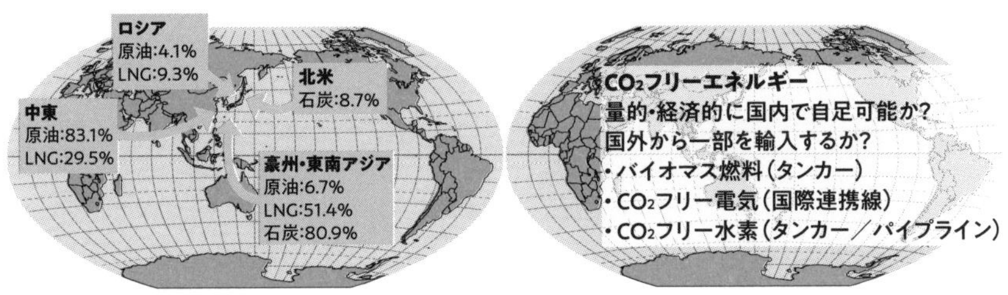

出所:岡本(2016)

輸入するものが、化石燃料から、CO_2を含まないエネルギーに変わっただけということになりかねず、そうなれば今世紀半ばの日本の国力に甚大な影響が出る可能性があります。エネルギーの調達においても広域化（他国依存）と分散化（自国内充足）の最適な組み合わせが必要なのです。

そうした時代にエネルギー事業者に求められる役割を考えてみると、やはり、分散化に対応して地域に根付いた事業者、そして、広域化やグローバル化を推し進める事業者が出てくることが望まれます。エネルギー事業者がすべきことが多様化していくことになります。

カーボンニュートラル達成に向け、日本の化石燃料依存を減らせばエネルギー安全保障を向上させられるというメリットがあります。一方でパラダイムシフトによって必要になるリチウムなどの資源輸入や他国で安価に大量生産された太陽光パネルに依存してしまうおそれもあります。海外に依存するモノが化石燃料から別のモノに変わるだけということになりかねません。そのため、調達先の多様化だけでなく、リユース・リサイクル技術の必要性も格段に増していきます。

電力グリッドの広域化・分散化については、米欧中では市場の広域化や、大規模長距離送電技術などが進展し、同時にDER導入に向けた先進的な取り組みも続けられていますが、その両面で日本の電力会社は見劣りします。世界がカーボンニュートラル化を目指していく中で、日本が負け組とならないためには、文字通り全方位的なイノベーションを急加速することが不可欠なのです。

以降の章ではビジネスモデル（第３章）、テクノロジー（第４章）、政策（第５章）について具体的にその内容を捉えていくことにします。

Chapter

ＵＸコーディネーターの実践

エネルギーサービス事業者が「UXコーディネーター」に進化するためには、エネルギーに閉じた検討から脱却し、消費者の顧客体験や企業のビジネスパフォーマンスに正面から向き合った事業開発、サービス開発が求められます。本章ではUXコーディネーターの具体的な実践事例を提示し、従来のエネルギー産業の枠に留まらない新しい顧客価値の創出に関する視点、視座を提示します。

1. UXコーディネーターに求められるアプローチ ——Energy with X

エネルギーの小売り事業は収益性の低下が著しく、新たなサービス、新たな事業開発の必要性に迫られています。いろいろなチャレンジはありますが、なかなかこれといったサービス、事業が生まれていないというのが実態です。

エネルギー分野で新たな事業を立ち上げようとした場合、検討範囲を“エネルギー”に閉じている限り、結局、「今よりもいくらエネルギー費用が安くなるのか」の議論に帰着してしまいます。環境性や防災性という新たな要素が登場してはいるものの、コモディティ商品であるエネルギーに対する消費者の最大の関心事項は依然として「価格」であり、商品の質やサービスによる差別化は極めて難しいため、エネルギーに閉じた議論をしている限り、人々や企業の財布から今以上にお金が出てくること、つまり市場が今より大きくなることは期待できません。

人々に財布のひもを緩め、今よりも多くのお金を支払いたいと思ってもらうためには、新しい顧客体験を提供する必要があります。筆者らはこうした顧客体験の提供者を「UXコーディネーター」と呼んでいます。私たちは、電気やガス、石油を直接消費するわけではなく、エネルギーを消費する機器を通じて、顧客体験を得ています。

したがって、エネルギーの観点から顧客体験を提供するのであれば、自ずとその検討範囲は、「エネルギー＋〈エネルギー利用機器＋サービス〉」となります。筆者らは、この考え方を“Energy with X”と呼んでいます（図表1）。

図表1 **Energy with Xの考え方**

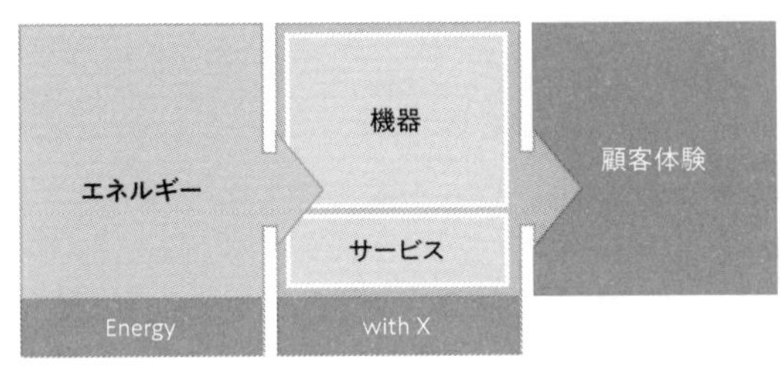

出所:筆者作成

最近では、単体のエネルギー供給に留まらず、エコキュート（ヒートポンプ式給湯器）などエネルギー利用機器を組み合わせ、エネルギーと機器利用をサービスで提供する事業も多く見かけるようになりました。顧客の初期投資負担を軽減し、機器のメンテナンスなどの煩わしさから顧客を開放するサービスと言えます。

しかし、いわゆる“as a service”としてエネルギーと機器を提供すれば、UXコーディネーターになったと言えるでしょうか。筆者らは、そうは考えません。多くの“as a service”は、顧客に新しいお金の支払い方を提供しているものの、新しい顧客体験を提供しているとは言えないからです。割賦販売やリースと同じ、製品に付帯したファイナンスサービスとほとんど変わらないのです。

では、新しい顧客体験を提供するとはどのようなことを指すのか。

例えば、「海の家」を例に考えてみましょう。海水浴場を訪れた際に、水着に着替えたり、お昼ご飯を食べたりする、あの海の家です。

海水浴を楽しんだ後は、誰でもシャワーを浴びたくなります。ある海の家では、1回あたり300円でシャワーが使えます。平均的なシャワーの水使用量は、50Lなので、これは1Lの水を6円で売っていることになります。自治体によって異なりますが、仮に1㎥＝1000Lあたり200円の水道料金だとすると、海の家では、30倍の値段で水を販売していることになります。もちろん海の家は、水を売っているつもりはないでしょう。

では、何を売っているのでしょうか。シャワー設備を“as a service”として、水とセットで売っているのでしょうか。それも違います。海の家は、「気持ちよく海水浴を楽しめる顧客体験」を販売しているのです(図表2)。海水でベタベタした体で家に帰らなければならないとしたら、せっかくの海水浴の楽しみも半減してしまいます。

図表2 **海の家が提供する価値**

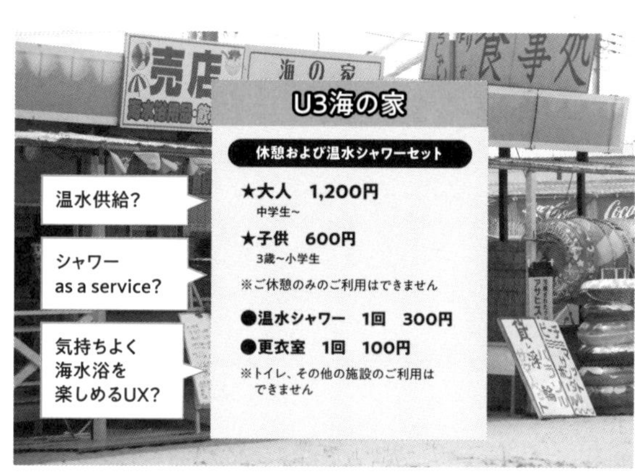

出所:筆者作成

海の家は、一般消費者向けの顧客体験の例ですが、相手が企業の場合はどうなるでしょうか。

企業の財布のひもを緩め、今よりも多くのお金を支払いたいと思ってもらうために、UXコーディネーターは何を提供すべきでしょうか。それは、顧客のビジネスパフォーマンスそのものになるでしょう。具体的に考えてみます。

例えば、ドローンを対象にしたワイヤレス給電サービスを考えてみましょう。このサービスは、単なる電力供給サービスではなく、ワイヤレス化することで給電を自動化できることがポイントです。このサービスが成立すると、充電・給電を意識せずに済むドローンネットワークの構築が可能になり、給電ポイントを各地に拡充しさえすれば、全国津々浦々をカバーできるようになるはずです。その結果、ワイヤレス給電ネットワークに支えられたドローンネットワークにより、地域インフラの保守や遠隔地への物資配送などを圧倒的なコストパフォーマンスで提供することが可能になります。

このように、エネルギーサービス事業者がUXコーディネーターに進化するためには、エネルギーに閉じた事業から脱却し、消費者の顧客体験や企業のビジネスパフォーマンスに正面から向き合った事業開発、サービス開発の検討が求められるのです。

次節では、UXコーディネーターの実践例として、「ワイヤレス給電技術」「ライフラインの分散技術」「Power to X」の3つの事業を取り上げます。

2. UXコーディネーターの実践

実践例1　ワイヤレス給電技術による新しい顧客体験の創出

小売り電気事業者の仕事は、各家庭まで電気を届けることですが、それだけで終わってしまえば、顧客体験の創出につながりません。実際は、それぞれの住宅に設置された分電盤で受電して、屋内配線を通じて各部屋のコンセントまで電気が流れ、コンセントにプラグを差し込んだ家電製品が動作して初めて顧客体験が生まれます。

ところが実際は、せっかく各戸まで電気を届けても、顧客体験の直前でサービスを終えてしまっているため、結局、商品の差別性が極めて困難なコモディティ販売に終始してしまっているのが現状です。

通信業界では、基地局から各家庭までを結ぶ最後の通信回線をラストワンマイルと呼んでいますが、これになぞらえて、分電盤で受電してから各電気製品に電気を届ける領域を“ラストワンフィート”と称し、このラストワンフィートにおける新たな顧客体験の創出を考えてみたいと思います（次ページの図表3）。

図表3 **電気事業におけるラストワンマイルとラストワンフィート**

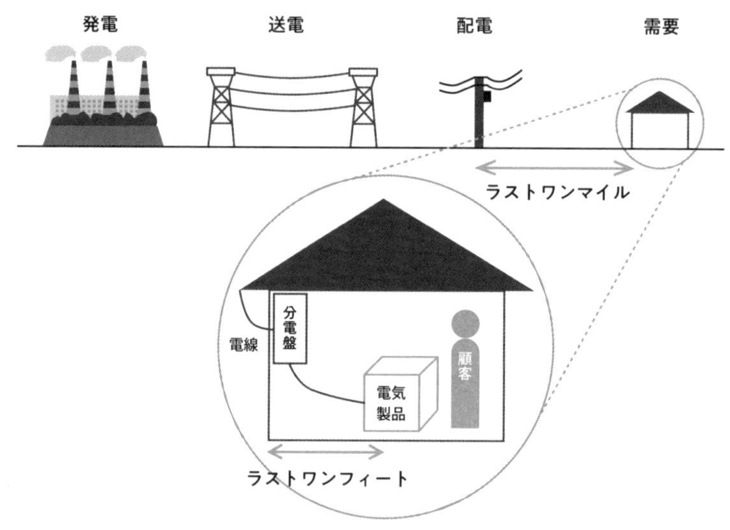

出所:筆者作成

皆さんの家の中にある、このラストワンフィートに少し目を向けてみましょう。コンセントの周りには、絡まったり、とりあえずの見隠しとして家具の後ろに押し込まれたりしたケーブルが何本もあるのではないでしょうか。多種多様なケーブルボックスやケーブルクリップなどの配線アクセサリーが販売され、“部屋をお洒落にみせる配線隠しの方法”といったコラムを見かけることもよくあります。誰しも日々、無数のケーブルに煩わされていることがわかります。

このケーブルの煩わしさから私たちを解放してくれる注目の技術があります。空間を通じて離れた場所に電気を伝えることのできるワイヤレス給電技術です。身近なところでは、電動歯ブラシやポータブルゲーム機などの充電スタンドで利用されています。最近では、多くのスマートフォンもワイヤレス充電機能を備えるようになり、この給電技術も随分と身近な存在になってきました。今のところ、防水性が求められる小型家電や頻繁な充電が必要になるゲーム機など、一部の電気機器のみに搭載されていますが、その用途は様々です。

ベルデザインは、ワイヤレス給電技術を用いて新しい顧客体験の創出を目指す企業です。同社は、独自のワイヤレス給電技術を活用したフラグシップ・モデルとして、「HOME」と呼ばれる基本ユニットの送電器や、いつでも温かな飲み物を楽しめる“うつわ（受電器）”として「MUG」「CHOCO」、持ち運べる照明「LUX」といった「POWER SPOT」製品群を試作開発し、その技術を提供しています。このほか住設や家電メーカーなど、様々な業態のメーカーとの協業でワイヤレス給電技術を用いた新しい顧客体験の創出に挑んでいます（図表4）。

図表4 ベルデザインが描く新たな顧客体験

利用シーン／対象機器	新たな顧客体験
キッチン	水回りへの給電による除菌や洗浄、ダイニングとつながるキッチン
ダイニングテーブル	PS給電による、保温された飲物、照明での仕事・勉強
キッチン家電	PS給電による、常に温かい飲み物、料理・スープが冷えない体験
キャンプ用品	ベランダキャンプ、庭キャンプなど野外でのPS給電
照明	ケーブルレスの照明、調光、有機EL照明+PS給電で平面照明
乳児機器	哺乳瓶の温度管理、温かいおしり拭き、気軽に行える除菌
仕事部屋	ケーブルのないオフィスデスク
パソコン・タブレット	アダプターのいらない世界、どこでも充電

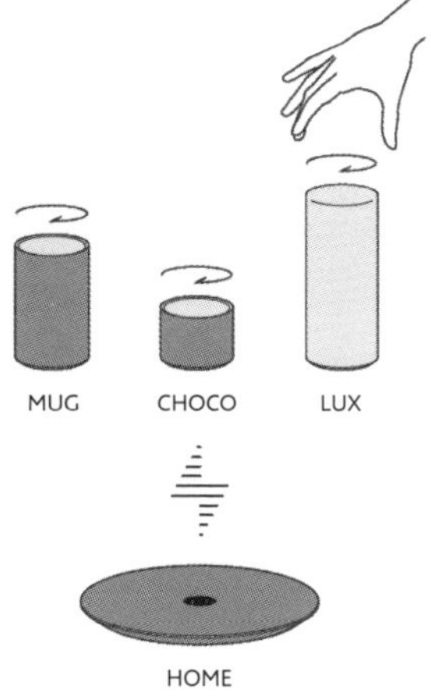

出所：ベルデザイン

ワイヤレス給電の特性は、家の中からケーブルをなくすことだけではありません。例えば、物体越しに電気を送ることも可能になります。具体的には、窓越しに電気を送ることができるのです。クリスマスの時期になると、庭やベランダをイルミネーションで飾る家がありますが、屋外でイルミネーションを灯すためには、屋外用コンセントから延長ケーブルを延ばすか、ソーラー式や電池式の製品を購入しなければなりません。もし窓越しに家の中から電気を送ることができたら、今よりもずっと手軽で自由なイルミネーションが実現できそうです。

また、ワイヤレス給電技術を使うことで、今まで電気とは関係の薄かったものに電気が通せるようになります。電気を通すことができると、電気による加熱でものを温めることも可能になります。先ほど紹介したベルデザインの「MUG」は、この機能を活用した加熱・保温機能付きのタンブラーです。ジャイロセンサーという機能を搭載し、タンブラーを左右に回転させるだけで温度調整ができます。きめ細かい制御が可能な電気の特性を引き出した製品と言えます。

ワイヤレス給電技術が至るところに実装された生活を想像してみましょう。キッチンでは、調理家電を置くだけで動作するシステムキッチンが用意され、ダイニングではテーブルの上に置くと好みの温度に保温してくれる食器が配置されます。在宅勤務が増え頻繁に使うようになった書斎では、デスクの上に置くだけでパソコンやスマホが自動的に充電されます。床にもワイヤレス給電装置が実装されており、コードレス掃除機などを置くだけで充電されるようになります（本当の“コードレス”掃除機になるわけです）。

家庭に無線LANが普及し、家の中のどこにいてもスマホやパソコン、タブレットがインターネットに常時接続できるようになり、私たちの生活は一変しました。これと同じことが家電全般で起こると期待されます。電気機器がケーブルという制約から解放されることで、私たちと電気機器の関係が大きく変わります。電気機器が置いてあるところに行くのではなく、私たちがいるところに電気機器を持ってくればよいのです。ワイヤレス給電があたりまえになった世界では、もはやリビングやダイニング、キッチンといった概念は消滅しているかもしれません。

また、ワイヤレス給電技術は、家の中だけでなく、街中でも新しい顧客体験を提供します。一部の都市や観光地では、電動アシスト自転車のシェアリングサービスで移動することも珍しくなくなりました。

充電が切れた電動アシスト自転車は、ただ重たいだけの自転車なので、きちんと充電しておくことが必要です。現在、シェアリングサービス事業者は２つの方法で充電しています。

1つは、サービス事業者が巡回して自転車を回収し、事業者自身が充電する方法。とても大きな労力がかかりますが、人件費が安ければシンプルに事業化が可能です。

もう1つは、ユーザー自身に充電してもらう方法。この場合、ユーザーに複雑で面倒な作業を行ってもらうことは期待できません。理想的なのは駐輪するだけで充電できる仕組みですが、国内の観光地では、電動アシスト自転車のシェアサービスに、ワイヤレス給電による簡便な充電も徐々に実装され始めています。

このように、ケーブルの煩わしさから解放された生活に必要な技術は、すでに我々の手が届くところまで来ています。けれども、この生活を現実のものとするために乗り越えるべき問題が1つあります。

いわゆる「鶏と卵」の問題です。現在、実用化が進んでいるワイヤレス給電技術は、電磁誘導方式と呼ばれ、送電モジュールと受電モジュールを実装した機器・設備の間で電気がやり取りされます（図表5）。

送電モジュールを搭載したテーブルやデスクを市場に送り出すことは難しくありませんが、その価値を評価してもらうには、アプリに相当する受電モジュールを備えた家電機器が同時に世に出回っている必要があります。インフラとアプリを提供する主体が分かれてしまうため、インフラが整っておらずアプリが出てこない、アプリが出てこないからインフラが整わない、という鶏と卵の問題に直面してしまうのです。

図表5 **送電モジュールと受電モジュールを搭載する住設や家電**

インフラ（送電モジュール）	アプリ（受電モジュール）
テーブルやデスク	コードレス調理家電
システムキッチン	加熱機能付き食器
洗面化粧台	コードレス照明
テレビボード	パソコンやスマホ
キャビネットや飾り棚	モバイル家電
床や壁	アクアリウム
⋮	⋮

出所:筆者作成

この鶏と卵の問題を解決するためには、インフラ（鶏）とアプリ（卵）の両者を巻き込んで、市場を垂直に立ち上げられるエコシステムビルダーが必要になります。エコシステムビルダーに求められる要件はいくつかありますが、特に大勢のエンドユーザーに届くことがとても重要です。電気の接点ですべての顧客とつながっているエネルギーサービス事業者は、絶好のエコシステムビルダー候補となります。

かつて電力会社や都市ガス会社は、機器メーカーや不動産会社と協業して、オール電化やガス温水システムの普及の中心的な役割を果たしました。エネルギーサービス事業者は、自らのサービス領域を“ラストワンフィート”まで拡大することで、エコシステムビルダーとして、新たな顧客体験の創出をリードできることが考えられます。

エコシステムビルダーとしての儲け方は様々です。かつてのオール電化やガス温水システムは、電力や都市ガスなどのコモディティ販売を収益の源泉としていましたが、ワイヤレス給電機能を搭載した家電や家具を販売してもよいですし、住宅のワイヤレス化を狙いとした住設リフォームを手掛けるのもよいでしょう。

先ほど紹介したベルデザインのワイヤレス給電技術は、電源をインターネットにつなげることができ、個人認証や個体認証が可能です。インターネットにつながった電源、いわばデジタル化された電源により、電気の利用に課金・決済という機能を付加したり、そこから生まれる新たなデータフローを活用した新しいサービスを提供したりすることも考えられます。

ワイヤレス給電技術は、まだまだ成長過程にあります。これまでは、実用化が進んでいる電磁誘導方式をベースに話を進めてきましたが、今後は、マイクロ波（波長が短い電磁波）を用いた空間電送型のワイヤレス給電技術にも大きな期待が寄せられています。空間電送によるワイヤレス給電技術の進化が進み、長距離・大電力の給電が可能になれば、電気機器はいつでもどこでも給電を受けることが可能となり、ついにはバッテリーを必要としない世界が訪れるでしょう。

新産業の創出には、異なるバックグラウンドを持ったプレイヤーを巻き込んで、1つの流れを作るエコシステムの中核的存在が必要になります。ワイヤレス給電技術を用いた新たな顧客体験の創出という領域は、エネルギーサービス事業者にとって、中核的な役割を果たしうる有望領域の1つになるでしょう。

実践例2　ライフラインの分散技術による新しい顧客体験の創出

太陽光発電や蓄電池、電気自動車（EV）などの分散型電源（DER）の本格的な普及を受けて、分散型の電力システムに注目が集まっています。2022年4月からは、一般送配電事業者（大手電力会社など）の送配電網を活用して特定の区域で配電事業を行う配電事業制度（ライセンス制）が導入され、供給安定性・レジリエンス向上や電力システムの効率化、再エネ等の分散電源の導入促進に資することが期待されています。

一方、期待される効果や事業領域がエネルギー領域に閉じているため、クリームスキミング[20]の防止が徹底されれば、新たな配電事業は、（少なくとも短期的には）それほど魅力的な事業機会の創出にはつながらないでしょう。確かに、新たな配電事業制度の下、地域のDERを積極的に活用することで、過疎地域における低稼働率の配電設備をより効率的に運営することができるようになるでしょう。

設備運用が効率化されれば、その分、電気料金が安くなりそうですが、現実はそうなりません。なぜでしょうか。それは、原則エリア一律の託送料金制度（ユニバーサルサービス）が存在するためです。現在の託送料金は、過疎地も需要密集地も同じ料金で送配電網が利用でき、過疎地の赤字を需要密度の高い地域が補填する構造になっています。

こうした料金制度の下、過疎地域における託送料金は、実際に発生している費用よりも低く抑えられているため、各地域の企業や消費者には、地域の送配電網をコンパクト化・最適化するインセンティブがありません。したがって、電気事業におけるユニバーサルサービスのあり方を抜本的に見直さない限り、エネルギーに閉じた世界で魅力的な事業を創出することは難しいのです。

筆者らは以前から「ユニバーサルサービスを見直すべき」と主張してきましたが、人々に公平なエネルギーサービスを届けるための制度が、新たなチャレンジの動機を奪っているのです。

では、エネルギーサービス事業者は、この分散化の流れをどのように事業機会として取り組んでいくべきでしょうか。UXコーディネーターへと進化するポイントとして取り上げた、「Energy with X」と「新たな顧客体験の創出」という2つの観点から考えてみたいと思います。

UXコーディネーターへの進化1 “Energy with X”への着目

エネルギーから少し視点を広げて、他のインフラ領域に目を移すと、生活用水の循環利用や飲料水の製造、廃棄物のリサイクル・アップサイクルなど、各領域で分散型の技術の開発は手に届くところまで進んでいることに気づきます。

例えば、国内スタートアップ企業であるWOTAは、水道のない場所での水利用を実現する、ポータブル水再生処理プラントを提供しています。災害時でも、大自然の中でも、シャワーや手洗い、洗濯機などにつなげて、排水の98%以上を再利用可能にすることで、いつでもどこでも安心安全な水を使うことができます。

空気から飲料水を作る、いわゆる空気製水器を提供する会社も登場しています。空気中の水分を結露させて水を作る技術を搭載した製水器は、エアフィルターで空気中のホコリを取り除き、結露した水をろ過することで、水道管が通っていない地域でもきれいな飲料水が提供可能です。最近では、災害時の避難所などに少しずつ導入が進んでいます。海外では、分散型のごみ処理設備を各住戸に設置して、家庭から出る生ごみを原料に、調理用ガスと肥料を作る事例なども登場しています。

このように社会インフラ全般において、分散化を進める技術が育ちつつあります。エネルギーインフラだけの分散化を議論していては、分散化のメリットを十分に享受することはできません。分散型の電力システムという枠組みではなく、電気や水、廃棄物処理などを包含した「分散型のライフライン」という枠組みで考えることで、新たな顧客価値やビジネスパフォーマンスを創出する突破口は見出せるのです。

UXコーディネーターへの進化2　分散型ライフラインへの足掛かり

続いて、“新たな顧客体験の創出”という観点から、分散型のライフラインを考えてみましょう。

第1章で紹介したイスラエルのスタートアップであるSustainable Groupは、同社商品のインフラボックスを組み込んだ持続可能なコミュニティを郊外に建設することで、渋滞や公害など都市化がもたらす問題を解決しようとしています。日本では、都市化よりも地方の過疎化の方が問題視されていますから問題の表れ方は異なるものの、この分散型ライフラインは、地方の過疎化問題の解決策にもなりそうです。

ただ、地域の社会インフラの多くは、独立採算制を採用している水道事業等を除き、ユニバーサルサービスや地方交付税交付金などを通じて、事業エリア内での内部補助が行われています。分散型ライフラインが市場を獲得するには、こうした内部補助の仕組みを大きく見直すか、内部補助を受けた既存インフラに対して分散型インフラが圧倒的なコスト競争力を持つ必要があります。

いずれにせよ、分散型ライフラインが地方の過疎化問題への切り札となるには、少し時間がかかりそうです。

分散型ライフラインが必要な品質やコストを実現するためにも、まずは、足掛かりになる市場が必要になります。経営学者のクレイトン・クリステンセンは、『イノベーションのジレンマ』の中で、破壊的イノベーションの事例としてミニミル（電炉メーカー）を取り上げました。

鉄くずを原料に鉄鋼製品を作るミニミルは、そこそこの品質でも許容される鉄筋市場を足掛かりにし、段階的に品質・費用を作り込み、徐々にリーチできる市場を拡大し、やがて鉄筋市場よりもずっと利益率の高い形鋼市場へと参入します。分散型ライフラインも、最終的なターゲット市場である地方の既存インフラの置き換えにたどり着くため、ミニミルにおける鉄筋市場のような足掛かりになる市場が必要です（図表6）。

図表6 分散型ライフラインの市場展開イメージ

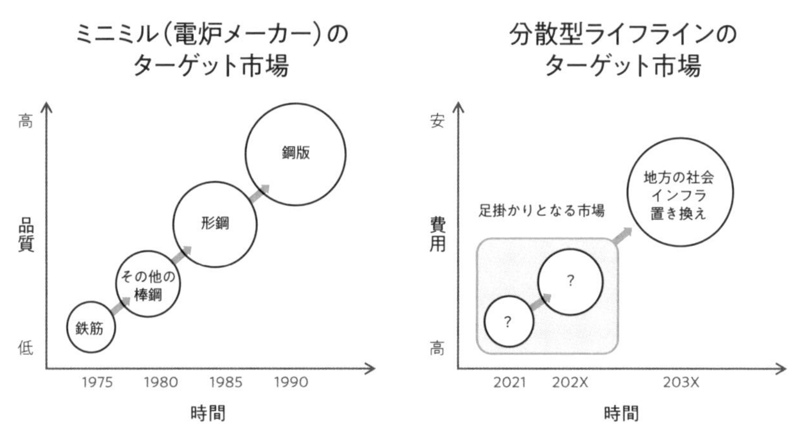

注：円の大きさは（左）利益率イメージ（右）市場規模イメージ
出所：『イノベーションのジレンマ』を基に筆者作成

では、どのようにしてこの足掛かりになる市場を見つければよいでしょうか。何の手掛かりもなく、分散型ライフラインが必要とされそうな市場を探しても、徒労に終わることは目に見えています。分散型ライフラインが提供する価値、実現する社会像・生活像をもう少し拡張して考えてみましょう。

分散型ライフラインを地方の過疎化問題への切り札として捉えたとき、分散型ライフラインの提供価値は、「**生活の質を下げることなく、引き続き、今いる場所に住み続けることができる自由**」と表現できます。ただ、これだと、分散型ライフラインが提供する価値のある側面しか表現できていません。電気や水などのライフラインをオフグリッドで提供できれば、インフラ問題を抱えた場所に住み続けることができるだけでなく、今までインフラに制約があって住むことができなかった場所にも住めるようになります。

また、災害時の避難所のように、生活の質を諦めていた場所でも、皆さんが必要とするレベルを提供できるようになるでしょう。**分散型ライフラインが実現する社会像を「人々がいつでもどこでも好きな住まい方を選べる社会」**と定義することで、分散型ライフラインの足掛かりになる市場のヒントが見えてきました。

ここで、住まいに関する調査結果を1つ紹介します。2020年7月に一般社団法人不動産流通経営協会が行った「複数拠点生活に関する基礎調査」によると、今後、複数拠点生活を行いたいという人は全国で600万人以上。職住の関係が大きく変わったコロナ禍を機に、さらにその数は増加していると考えられます。「日経クロストレンド」が半年ごとに発表する「トレンドマップ2021上半期」では、「マルチハビテーション（複数拠点生活）」が「ワーケーション」と共に、「将来性」「経済インパクト」という評価項目の得票スコアを伸ばしています。

これまでは、住宅費や交通費の負担などが複数拠点生活のボトルネックとなっていましたが、近年、サブスク型の住宅サービスや、これに対応したモビリティサービスも登場し始めており、複数拠点生活がいよいよ身近な存在になってきました。

一方、複数拠点生活者向けに提供される住宅の多くは、地方の空き家や低稼働の宿泊施設が中心であるため、癒やしやくつろぎ、自然を楽しむといった消費者ニーズには十分に応えきれていません。魅力のない場所にわざわざ拠点を求める消費者はあまりいないでしょう。しかし、電気や上下水道がない大自然の中でも分散型ライフラインを活用すれば、好きな場所にセカンドハウスを持てるようになります。

その観点から分散型ライフラインの足掛かりになるもう1つの市場候補として、グランピング市場が挙げられます。グランピングとは、グラマラス（魅惑的な）とキャンピングを掛け合わせた造語で、テント設営や食事の準備などの煩わしさから旅行者を解放した「良いところ取りの自然体験」に与えられた名称で、1人あたり1泊1万円以上する施設も少なくありません。比較的ハイエンドなレジャー施設であるにもかかわらず、自然を体験できる立地が前提であるため、中には、電気やシャワーがないところもあり、ベーシックなライフラインが利用できること自体が施設の売りになっています（図表7）。電気や水道といったライフラインにアクセスできないことから、グランピング施設の開業を断念するケースも多く、分散型ライフラインの実現により、「良いところ取りの自然体験」の可能性をさらに広げることができそうです。

図表7 **グランピング施設の比較サイトのイメージ**

1人あたり一泊1万円以上するところもあるのに…

電気やシャワー、トイレが使えること自体が価値になっている

出所：筆者作成

こうして、エネルギーの枠を超えた分散型のライフラインが、既存のグリッドと役割分担をしたり、連携したりしながら、地域のインフラ問題を解決するだけでなく、私たちのライフスタイルに新しい可能性を与えてくれることが期待されます。分散型のライフラインの実現により、私たちの住まいは、電気や水道といったライフラインへのアクセスの制約から解放されます。ここにCASE化が進むモビリティネットワークが重なることで、“複数拠点生活”や“住宅の可動産化”といったキーワードに代表される新たなライフスタイルがあたりまえになる日がそう遠くない将来に訪れるはずです。

実践例3　地域エネルギー資源を活かした他産業の課題解決

ここまでは、ワイヤレス給電技術やライフラインの分散技術を活用した新しい顧客体験の創出にまつわるUXコーディネーターの役割について見てきました。別の切り口として、B2CからB2Bに領域を移し、顧客（企業）のビジネスパフォーマンスを改善するＵＸコーディネーターの実践例を考えてみます。

具体的には、地域エネルギー資源を活かした他産業の課題解決を題材にしてみましょう。第２章で説明したように、各地域の電力需給がバランスするような電源開発が望ましいとはいえ、地域の電源開発ポテンシャルを最大限に引き出すと、大量の余剰が生まれる地域も出てきます。海外、特に欧州では、こうした大量の余剰電力を有効活用するため、余剰電力を使って水素を製造し、この水素をガスパイプラインで他地域へ輸送、販売するP2G（Power to Gas）が注目されています。

しかし、日本では、ガスパイプラインは大都市圏を中心にまばらに敷設されているため、例えば、北海道から首都圏にガスパイプラインを使って水素を運ぶことができません。もし運ぶなら新たなガスパイプラインの敷設が必要です。あえて電気をガス（水素）に変換せず、電気のまま首都圏をはじめとした他地域に電気として輸送、販売することも考えられますが、そのためには多額の投資を伴う送電線の増強が必要になりますし、結局、販売するモノは電気というコモディティ製品ですので、地域に落ちるお金はそれほど多くありません。エネルギー産業だけで考えると、電気やガスに変換して輸送、販売するしか方法がないのです。

発想を変えて、前述の“Energy with X”の考え方を取り込んでみましょう。地域エネルギー資源を活かして、他産業の課題を解決できれば、コモディティ販売よりも大きな対価を得られるかもしれません。

以下では、私たちの日常生活に欠かせない情報通信産業と食品小売業を具体例に取り上げて、P2GならぬP2X（Power to X）を考えてみたいと思います。

まず、情報通信産業です。エネルギーを大量消費するデータセンターに焦点を当ててみましょう。世の中のデジタル化の進展に沿って、世界中でデータセンターの建設が進んでいます。総務省の「令和２年度版情報通信白書」によると、世界のデータセンター事業者の売上高は、2015年から2019年の５年間で1.5倍以上に拡大し、この先も毎年２桁成長が見込まれています。

実はデータセンターのライフサイクルコストの約半分を電気料金が占めるため、データセンターを保有・運営する事業者は、いかに電気料金を抑制できるかが死活問題となっています。情報通信機器だけでなく、これら機器から放出される熱エネルギーを冷却するための空調機器等の電力消費も無視できません。したがって、データセンターの立地は、安定した通信ネットワークへのアクセスは大前提として、安価な電力へアクセスできることや、冷房負荷が少なくて済む寒冷な土地であることなどがポイントになってきます。

これに関連して、興味深い取り組みの一例を紹介したいと思います。北海道ニュートピアデータセンター研究会が提唱する北海道データセンター計画です。これは、北極海で進む海底通信ケーブル敷設計画に対応して、北海道を欧州と米国へのインターネットの玄関口とし、データセンターの東京一極集中構造を解消すると同時に、北海道にデータセンターを集積しようという計画です。

海外に比べて割高になりがちな日本の再エネ電源ですが、北海道は土地も広大で、風況の良い地域もあります。一定程度のコスト競争力がある再エネを確保できれば、寒冷地という地の利も活かし、北海道を競争力のあるデータセンター集積地とすることができそうです。

P2Xの観点から眺めると、これはP2D（Power to Data）とも呼べるでしょう。同じ長さのケーブルを敷設するとしても、通信ケーブルに比べて、電力ケーブルは100倍以上の費用がかかります。電力ケーブルを用いて地域エネルギー資源を電気として域外に輸送、販売するよりも、通信ケーブルを用いてデータとして域外に輸送、販売する方が、得られる収入は多くなることでしょう。

視点を変え、生活に欠かせない食品小売業について考えてみましょう。四季があり、自然に恵まれた日本に住んでいるとなかなか気づきにくいのですが、安価に新鮮な野菜を手に入れることができる国はそう多くありません。生鮮野菜を輸入に頼る国も多く、各家庭の食卓にたどり着くまでに、大量のエネルギーを消費します。各国の食をカーボンフットプリントの観点から評価すると、いかに多くのエネルギーを消費しているかわかりますし、たくさんの保存料が使われる場合もあります。加えて、鮮度が落ちれば味も栄養価も落ちてしまいます。

図表8は、各国の生鮮野菜の輸入・生産状況をまとめたものです。カナダやイギリスは、レタスなどの生鮮野菜のほとんどを海外からの輸入に頼っていることがわかります。日本でも、北海道や沖縄など、夏季や冬季の気候が厳しい地域では、県外産の生鮮野菜に頼らざるを得ない状況となっています。

図表8 **各国の生鮮野菜の輸入・生産状況**

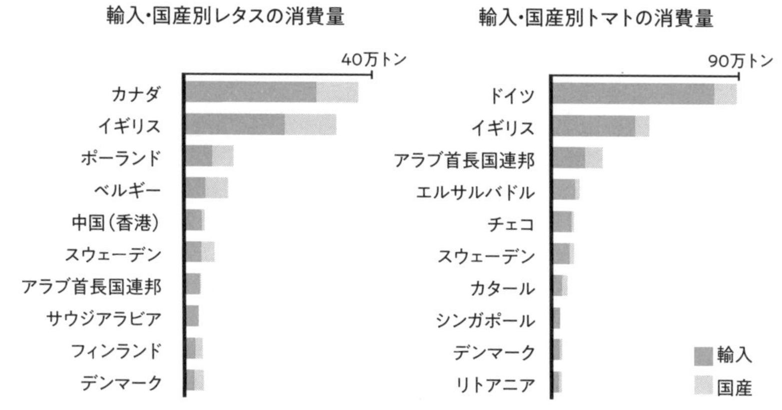

出所:国際連合食糧農業機関統計より2018年のデータを基に筆者作成

こうした状況を打破する技術として「垂直農業（vertical farming）」が注目されています。日本では、人工光型植物工場と呼ばれることが多い技術です。実は日本は、植物工場先進国であり、先進国であるがゆえに、失敗事例を山ほど積み上げていますが、様々な改善・改良を重ね、ようやく補助金に依存しない植物工場が登場し始めました。

ユニークな事例としては、国内スタートアップ企業のプランツラボラトリーが西友と進めている“店産店消”型の植物工場が挙げられます。これは、西友の店舗内の空きスペースに植物工場を設置・運営し、そこで収穫したレタスを生鮮売り場で販売するという驚きのモデルです。究極的に鮮度が高く、輸送に伴うフードロスを防ぐこともできます。

植物工場の運営費用の約３分の１は電気代と言われています。データセンターと同様に安価で安定した電力を調達することが植物工場事業者にとっても死活問題です。また、消費者と日々接する食品小売り事業者は、環境に対する意識が高い業種の１つであり、サプライチェーン上で発生する温暖化ガスを最小化するため、再エネで作られた電力を利用することが推奨されます。

先ほどのデータセンターと同様に、地域では消費しきれない量の電力を作れるのであれば、余剰電力を用いた植物工場で野菜を作ることも考えられます。これにより、域内産の消費量を増やしたり、周辺地域へ生鮮野菜を輸送、販売したりすることで、地域に落ちるお金を増やすことができるでしょう。P2X の観点で言うと、これはP2F（Power to Food）と呼ぶことができそうです。最近では、植物工場だけでなく、陸上養殖なども注目が集まっており、いわゆるフードテック（Food Tech）との協業による新産業創出に期待が集まります。

このようにＵＸコーディネーターの実践例として、地域エネルギー資源を活かした他産業（情報通信産業と食品小売業）の課題解決を紹介しました。消費しきれないほどの地域エネルギー資源がある場合、送電線やガスパイプラインを通じて他の経済圏に電気やガス（水素）を販売することも考えられますが、他の経済圏につながるパスは、エネルギーネットワークだけではありません。情報通信ネットワークや物流ネットワークといった他のアクセスルートの観点から、地の利が活かせる商品を見つけることが重要になります。

3. どうやって新産業を生み出すか

ここまで見てきたように、エネルギーサービス事業者がUXコーディネーターに進化するには、従来のエネルギー産業の垣根を乗り越え、様々な産業との協業を通じた新しい顧客体験を創出することが求められます。

しかし、従来の事業領域からはみ出した新事業の創出は、簡単ではありません。産業横断的な新事業開発は、必然的に異業種との協業を必要とします。これまで「違う言語」を使っていた異業種とは、コミュニケーションをとるのも大変です。ましてや、世の中に存在していない新事業、新産業を創出するとなると、目指す姿の認識を合わせることもままならず、同床異夢の時間を過ごして終わってしまう可能性もあります。

そのため、筆者らもよく「海外では？」と問われます。海外に先行事例があれば、それをモデルにして新事業開発を進めることは可能です。しかし、このやり方を踏襲する限り、新しい産業におけるイニシアチブを常に他国のプレイヤーに握られることになります。海外の二番煎じを脱するためにはどうしたらよいのでしょうか。

まず、諸外国ではこうした産業横断的な新産業・新事業創出をどのように進めているのかを見てみましょう。米国のように人材の流動性が高い国では、既存産業の垣根を越えた新しい産業創出をスタートアップのエコシステムが担っています。日本で新産業創出に向けた独自の取り組みを展開しているSUNDREDのCEO留目真伸氏は、以下のように述べています[21]。

「たとえば米国のように流動性が高い社会は、成長領域でスタートアップが立ち上がると、みなそこに乗りたがります。お金以上にいろいろなところから人が集まってくる。成長領域に一気にリソースが集約され、新しい産業としてものすごいスピードでスケールしていくのです」

一方、人材の流動性が限定的な日本においては、最近でこそスタートアップの役割も大きくなりつつあるものの、新産業創出の中核的な役割を担うまでには、今しばらく時間がかかるでしょう。留目氏は、この点を以下のように続けます。

「日本には残念ながらダイナミックな動きはなく、ベンチャーキャピタルからお金は集められても肝心の人が集まらない。既存ビジネスのバリューチェーンを一番よく知る人や、リレーションやコネクションを持つ人は大企業に多いがそういう人たちほど動かない。日本の大企業には優秀な人材が集まり、予算は厳しいながらも新規事業に取り組んでいる。成長領域もわかって、いろいろ試みているが、残念ながら広がらない。一方のスタートアップも、大手企業が唾を付けている領域には手を出しにくかったり、既存のオペレーションをサポートするような領域で、隙間的にやっているものが多い。つまり日本では大企業からもスタートアップからも、新たな産業にスケールするような新規事業が生まれづらい状況になっているのです」

こうした状況を打破するには、新産業創出の役割を担えるようになるまでスタートアップのエコシステムを育て上げることに加え、これに代替する新産業創出の仕組みも別途必要になります。人材の流動性は一朝一夕で高まるものではないので、人材を流動化する代わりに、各分野における専門性や経験といったナレッジ（知識）が流動化するような仕組み、仕掛けが必要でしょう。

エネルギーサービス事業者の多くは、自社単独での新事業創出の限界を感じ、オープンイノベーションという名の下、異業種やスタートアップとの協業を推進しています。ただ、自社中心のオープンイノベーションだけでは、どうしても自身の壁＝既存事業領域を超えた産業創出にたどり着くことは難しいでしょう。

今後は、新産業創出を目指すオープンイノベーションの「場」に自ら出向き、その「共創の場」と自社の接点となる人材の育成を進めることが必要です。こうした産業横断のコミュニケーション／コラボレーションを多層的に積み上げていくことで、新産業創出に必要なナレッジの流動性を徹底的に高め、新たな産業創出に必要な化学反応と資源集約を図っていくことが不可欠です。それによりエネルギー関連でも日本流の新産業創出が可能になると考えています。(図表9)。

図表9 **これから求められるオープンイノベーションのイメージ**

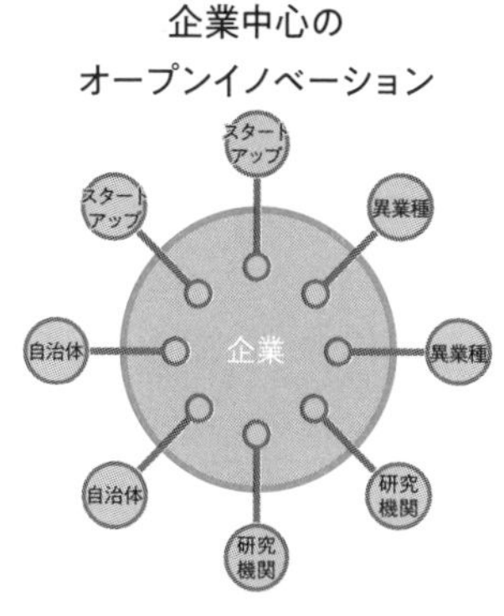

活動の中心が"自社"にあるため
産業横断的な取り組みに昇華しにくい

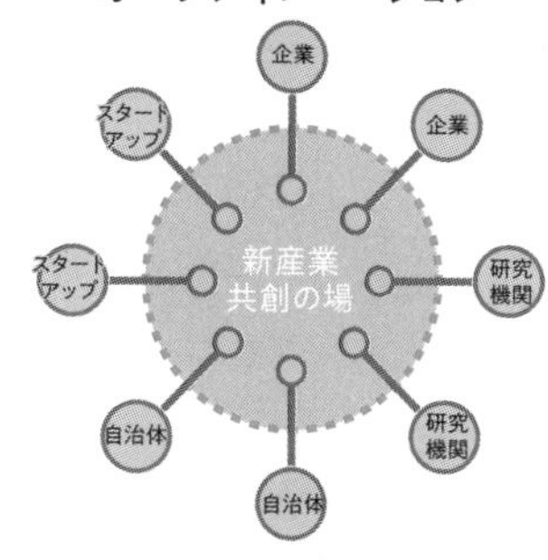

活動の中心を"新産業"に置き
異なる専門性・知見を重ね合わせる

出所:筆者作成

参考までに、新産業中心のオープンイノベーションの事例をいくつか紹介します。前述のSUNDREDは、一般社団法人Japan Innovation Networkと共同で、新産業共創スタジオという、日本流の新産業創出の仕組み、仕掛けを運営しています。

特にユニークなのが、起業家（アントレプレナー）でもなく、社内起業家（イントレプレナー）でもない、インタープレナーに注目している点です。同社の定義によると、インタープレナーとは「自律した個として目的・意味を優先して行動する知識やリソースの"新結合推進者"」です。新産業創出の中核に人材育成を持ってきている大変興味深い取り組みと言えます。

筆者らもUtility3.0の実践者として、日本流の新産業創出の仕組みづくりに挑戦しています。2020年8月に設立したスマートレジリエンスネットワークは、分散型エネルギー資源を活用して社会の脱炭素化とレジリエンス強化を実現するため、産業横断的な協業を促進する場として生まれました。

また、筆者らが設立したU3イノベーションズは、海外で多数のイノベーションクラスターの構築実績を持つケンブリッジ・イノベーション・センター東京（CIC Tokyo）と協業し、2021年９月に環境エネルギーイノベーションコミュニティを設立しました。ここでは、環境エネルギーを軸としながらも、様々な産業のバックグラウンドを持ったスタートアップ・大企業・研究機関・行政機関等の協業を通じたイノベーション創出を目指しています。

Chapter

世界の脱炭素化を牽引する日本企業

本章では、世界の脱炭素化が生み出す新たな市場における日本企業の勝ち筋について考えます。失われた○年が毎年更新を続けて久しいですが、デジタルとフィジカルの世界を行き来するSociety5.0（サイバーフィジカルシステム）の世界では、日本企業が再び世界を牽引することは可能です。そこで、まず日本企業の勝ち筋に関する基本的な考え方を提示します。そして、「需要の電化」領域で世界をリードする日本企業を紹介し、「電源の脱炭素化」領域でも十分に日本企業にチャンスが残っていることを示した上で、最後に日本企業が勝ち筋を成就するために必要であると筆者らが考える視点を提示します。

1. 日本企業の勝ち筋はどこにあるのか

カーボンニュートラルな世界へ転換する過程で、大きな事業機会がいくつも生まれます。例えば、IEAは、「World Energy Outlook 2019」で、パリ協定の目標達成のためには、2040年までに世界全体で約8,000兆円の投資が必要になるとしています。これだけ巨額の資金が動く大変革がこれから起きるとされているのです。

第１章でも紹介しましたが、日本政府は、2020年12月に「2050年カーボンニュートラルに伴うグリーン成長戦略」を発表し、いわゆる２兆円基金をはじめ、予算、税制、金融、規制緩和などあらゆる政策ツールを総動員し、官民を挙げてこの事業機会をものにしようと取り組んでいます。この成長戦略では、洋上風力や水素、次世代型太陽電池など14分野を取り上げ、日本が最先端技術で世界の脱炭素化をリードすることを後押ししようとしています。

しかし、こうした期待とは裏腹に、過去20年は、脱炭素の中核領域において、日本企業が大きくグローバルシェアを低下させた時代でした。例えば、2004年時点でグローバル市場において日本企業が50％以上のシェアを占めていた太陽電池モジュールは、2018年には1.2％までそのシェアを低下させてしまいました[22]。

また、2000年代前半には日本企業が８割近い市場シェアを占めていたリチウムイオン電池も、今や中国、韓国企業の後塵を拝する状況となっています。成長が期待される洋上風力も、Siemens Gamesa社（スペイン）とVestas社（デンマーク）の欧州企業２社が風力タービン市場の８割を寡占化しています。こうした状況を背景に、業界関係者は日本企業の将来に対して自信を失っており、残念ながら日本の最先端技術が世界の脱炭素化をリードする未来を具体的に思い浮かべることができません。

しかしここで諦めては、2050年に「残念な日本」を遺すことになります。ここからあえてポジティブに勝ち筋を描いてみたいと思います。

まず、日本企業の勝ち筋を論じるにあたり、改めてデジタル化の意味合いをおさらいしておく必要があります。“デジタル”は「連続的な量（アナログ）を、段階的に区切って数字で表すこと」と定義されます。例えば、牛丼を題材に、デジタルの意味合いを考えてみます。

アナログの世界では、並盛りとか大盛りといった、大きなくくりでしか表現できなかったご飯が、デジタルの世界では、どのような甘みで、どのように粘りのあるお米を何粒、というように詳細に表現できるようになります。見え方の粒度が上がることで、企業が提供する製品・サービスの成果が定量的に把握できるようになります。ここで、ビジネスは、手段の提供から成果そのものの提供へと、大きく変化することになります。これがビジネスに与えるデジタル化の影響です。

では、こうしたデジタル化がビジネスにもたらす影響を踏まえた上で、日本企業は、どのようにモノづくりの競争優位を活かしていくことができるでしょうか。東京大学の藤本隆宏教授は、「2020年代の日本のものづくりは面白くなる」という論考[23]の中で、サイバー・トゥー・サイバーのビジネスが成り立つ「上空」と、物理的なモノのビジネスが支配する「地上」の間に、それらの双方に常時接続する「低空」を想定し、「上空・低空・地上モデル」というフレームワークを使って、日本企業の勝ち筋を以下のように説いています。

日本が勝てる戦略的領域はどこなのか。それは結局、作ることが面倒で複雑な、擦り合わせアーキテクチャ製品です。例えば、変種変量変流生産のような得意領域にサイバーフィジカルシステムなどを活用した協調型のスマート工場を構築します。(略) サイバーフィジカルシステムによる広域の助け合いによって全体が連携して動くような変種変量変流の協調型スマート工場を構築すれば、他の国は追随できないでしょう。その意味でも、コテコテのものづくりは続けなければいけません。

要するに、2020年代の日本企業の成否は戦略次第です。上空戦の一つの例は、GAFAの有力な補完財企業を相手にした「中インテグラル・外モジュラー」アーキテクチャ戦略。自社の標準インターフェースで自社製品をメガ・プラットフォーマーに売り切り、大きな市場シェアを取ることです。ここで勝てるか否かは、現場の努力と本社の戦略の連携次第です。

一方、「低空戦」はサイバー・トゥ・フィジカルの世界の勝負ですから、それぞれのアセットをきちんとコントロールできた企業が顧客からデータを獲得します。そして、アセット生産企業は頂いたデータを顧客と共有し、かつ競合企業や異業種ともデータではオープンにつないでいくこと。(略) この形で顧客プロセスの機能向上に貢献するサービス・ビジネスモデルを共同でつくることができれば、多くの日本企業の株価は上がると思います。

2. 電化領域における覇者たち

まず、脱炭素社会の車の両輪である「需要の電化」領域と「電源の脱炭素化」領域のうち、「需要の電化」の勝ち筋を考えてみましょう。

第1章でも触れましたが、今後、運輸と熱の領域における電化の推進が必要です。筆者らは、これらをそれぞれ電動化、電熱化と呼んでいます。また、すべての産業は「データ × AI」化していくと言われており、これを電脳化と呼んでいます。

電化という言葉を分解すると、「電動化・電熱化・電脳化」という3

つの領域になるのです。これら3つの電化は、デジタル化と表裏一体で進展します。そして、デジタル化の本質を最大限に引き出すためには、計測や制御の精密性が重要になります。日本企業にとっては、モノづくりの強さとデジタル技術の活用により、この精密性をどこまで追求できるかが勝負のカギを握るでしょう。

ここでは、「電動化・電熱化・電脳化」の覇者である日本企業3社を紹介します。電動化領域では、総合モーターメーカーとしてグローバルシェアトップを走る日本電産を、電熱化領域では、同様に世界のエアコン市場でトップを走るダイキン工業を取り上げます。また、電脳化領域では、デジタルとリアルをつなぐ電脳の眼にあたるイメージセンサー市場でグローバルトップのソニーグループを取り上げます。

図表1は、フェイスブック（Facebook）が上場した翌月初日（2012年6月1日）の株価を1とした場合の各社の株価の推移を示したものです。電動化、電熱化、電脳化を牽引するこの3社は、GAFAに引けを取らない評価を資本市場から受けていることがわかります。

図表1 **日本企業3社とGAFAの株価の推移**

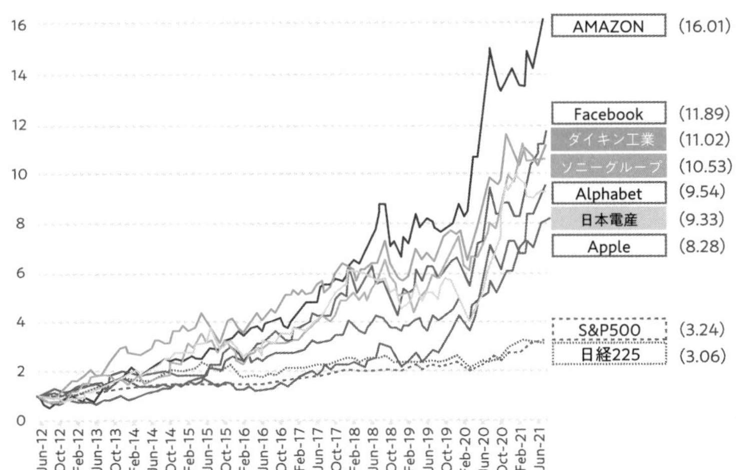

出所：Yahoo! ファイナンスよりU3イノベーションズ作成
注：各月の株価は1日の調整後終値を用いており、2012年5月18日に上場したフェイスブックの同値が取得できる。2012年6月の値を起点

実践例１　電動化の覇者――日本電産

日本電産は、電動化のキーデバイスであるモーターの世界トップ企業です。洗濯機や食洗器など家電製品を動かすモーター、パソコンやサーバーに搭載されるハードディスクドライバーを動かすモーター、工場内に設置される工作機械や製造装置を動かすモーターなど、身の回りの至るところで、同社のモーターが活躍しています。

今後、大きな成長が期待されるのが、電気自動車（EV）向けのモーターです。ガソリン自動車がEVに置き換わる過程で、自動車の駆動システムはガソリンエンジンをはじめとする内燃機関からモーターに置き換わります。同社は、モーターを中核とするEV用の駆動システムに注力しており、2030年に1,000万台の駆動システムを販売し、世界市場シェア40〜45％の獲得を目指すとしています[24]。

一方、モーターによる電力消費量は、世界で使用される全電力量の40〜50％、日本では約55％を占めるといわれており[25]、モーター効率のわずかな差が、世界全体の電力消費量で見ると大きな差につながります。例えば、標準効率のモーターをプレミアム効率のモーターに置き換えるとしましょう。7.5kWのモーターの場合、モーター効率は86.0％から90.4％に向上します。ほんの数％の差ですが、日本国内のモーターをすべてこのプレミアム効率のモーターに置き換えた場合、日本の全消費電力量の約1.5％に相当する年間155億kWhの電力使用量の抑制につながると試算されています[26]。

これはCO_2排出量の抑制という観点からは約700万ｔの抑制を意味します[27]。世の中が電動化へと移行する中、モーター効率の観点から徹底的に精密性を追求していくことが、世の中の脱炭素化を推し進めることになると言えるでしょう。

この精密性はハードウエアだけで実現されるものではありません。ソフトウエアと一体となったサイバーフィジカルシステムとなることで、モーターのエネルギー効率や制御の精密性が極められます。日本電産は、モーターをマイコンで制御するインテリジェント・ドライブ技術を確立しています。これにより、最適な運転状態でモーターを駆動することが可能になり、きめ細かな制御、リアルタイムでの制御も可能となります。同社は、インテリジェント化したモーターが社会を変えていく大きな存在になるとしています。

実践例２　電熱化の覇者――ダイキン工業

ダイキン工業は、電熱化のキープロダクトであるエアコン（ヒートポンプ式の空調）市場における世界トップ企業です。2019年の空調分野における同社売上高は世界第１位であり、海外市場におけるプレゼンスが大きく、同社の海外売上高比率は77％と、トヨタ自動車（76％）を上回っています。

アジア・太平洋の各国では、住宅用・商業用・業務用のいずれのセグメントでも市場シェア１位の座を獲得し、今後は、欧州や北米における事業拡大が期待されます。欧州や北米で利用されている暖房・給湯設備のほとんどは、CO_2を直接排出する燃焼暖房機か、エネルギー効率の悪い電気ヒーターで、ヒートポンプ式の暖房・給湯器の利用は全体の１割前後にとどまっています。各国がカーボンニュートラルを実現するためには、暖房・給湯器のヒートポンプ化は必須といえ、同社が世界の電熱化を推進することが期待されます。

2021年８月には、EV での利用を想定した冷媒開発を発表し、同社のヒートポンプ技術は運輸部門でも活用される可能性を秘めています。ガソリン自動車は、エンジンから出る排熱を暖房に利用していましたが、エネルギー効率の高い EV は、そのような排熱を生みません。エアコンに電気ヒーターを使うと、走るために蓄電池に貯めておいた電気を、効率の悪い電気ヒーターが消費してしまうため、EV の走行距離が短くなってしまいます。

そこで、ダイキン工業のヒートポンプ技術の出番です。エネルギー効率を極めた同社の技術を車中のエアコンに活用すれば、エアコンに使う電気を大幅に削減することができます。その結果、EV の航続距離は、最大で５割も伸びるとの試算が公表されています[28]。

同社は、デジタル領域でも積極的な取り組みを行っています。社内講座「ダイキン情報技術大学」を中心にデジタル人材の育成を図りつつ、「DK-CONNECT」と呼ばれるクラウド型の空調コントロールサービスを提供しています。これにより、機器（手段／モノ）の販売から、様々な顧客ニーズに対応したソリューション（成果／コト）の提供へと、ビジネスモデルの転換・拡張を図っています[29]。

実践例３　電脳化の覇者――ソニーグループ

電動化、電熱化に続く、第三の電化として電脳化を見てみましょう。残念ながら、電脳化の領域では、日本は世界に大きく後れを取っています。インターネットを利用して動画配信や音声サービスなどを提供する、いわゆるOTT（Over The Top）の領域ではGAFAの圧倒的な存在感の前に、なすすべがない状況といっても過言ではないでしょう。一方、ミクロなレベルでデジタル社会を支える基盤である半導体産業も、1988年に50％を上回っていた日本企業の世界市場シェアは2019年には10％まで低下しています[30]。そのような半導体産業において、唯一と言ってよいほど善戦しているのがソニーグループです。

ソニーグループは、ゲームや音楽、映画、金融、家電などを扱うコングロマリットですが、半導体産業でもいまだに大きな存在感を放っています。ロジックやメモリの両領域で多くの日本企業が世界シェアを低下させる中、同社は、イメージセンサーの領域で約50％の市場シェアを占めています。

イメージセンサーは、レンズから入ってきた光を電気信号に変換するデバイスで、身近なところでは、皆さんのスマホに組み込まれています。同社が得意とするCMOSセンサーは、アナログとデジタルが組み合わさったシステム製品で、高い技術力を必要とし、かつ顧客の要望に応じてカスタマイズ設計・製造が必要とされるため、日本企業のモノづくり力が活きてくる製品と言われています。

現在の主要市場は、モバイル端末向けのイメージングですが、これからは、車載やIoT向けのセンシングが成長領域となります。世界的な電子機器の展示会であるCES2020では、ソニーが発表した「VISION-S」と呼ばれるEVコンセプトカーが話題をさらいました。同社は、モビリティの進化に貢献できる領域として車載センシング技術を強調します[31]。また、IoT領域でも同様の技術に期待が寄せられています。IoTデバイスの爆発的な普及に伴い、これに関連する電力消費量の急増が予想されますが、同社のCMOSイメージセンサーを用いたエッジソリューションにより、IoTにおける情報量と消費電力量を大幅に削減することが可能になります。

ハードウエアとソフトウエアの強みを組み合わせ、世界中のAIに「眼」を提供する同社は、電脳化の覇者として、引き続きその存在感を高めていくことでしょう。

3. 電源の脱炭素化領域における日本企業の機会

「需要の電化」領域で世界をリードする日本企業3社を見てきましたが、「電源の脱炭素化」領域でも日本企業にチャンスはあるのでしょうか。

例えば、洋上風力。すでに風力タービン市場は、欧州企業2社が寡占化していると説明しましたが、コンポーネントに目を移すと、実は、日本企業が活躍できる領域がいくつも残っています。

具体的には、ベアリングやギアボックス、発電機といったキーコンポーネントが挙げられます。これらコンポーネントは、故障した際に新たな部品を取り寄せるのに長い時間を要するため、発電所のダウンタイムに大きな影響を与えます（次ページの**図表2**）。

このダウンタイムを最小化するためには、コンポーネントの品質が大変重要となりますが、擦り合わせ型のモノづくりが必要となるこれら製品を開発・製造できる企業は限られます。例えば、洋上風力は、大規模化がどんどん進んでおり、これに対応してベアリングも大型化が求められます。この大型ベアリングを提供できる企業は、日本精工やNTNなどの日本企業を含む数社しかありません。自動車産業など、他の産業で培った技術力が活かせる領域です。

図表2 **調達が長期化するキーコンポーネント**[32]

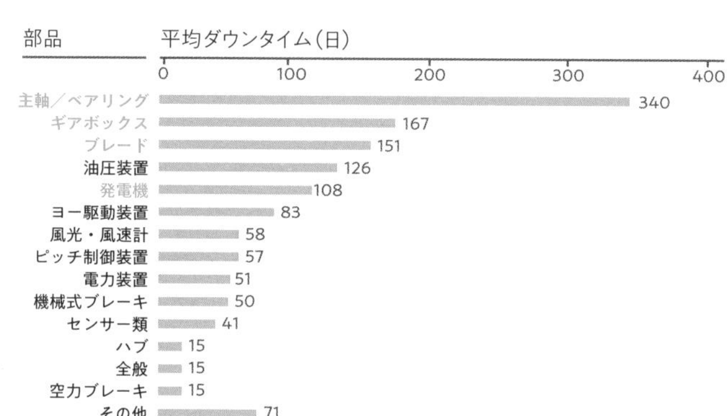

出所:経済産業省(原典はボストンコンサルティンググループ)

この分野でも、サイバーフィジカルシステムとしてビジネスを組み立てることが重要になります。特に洋上風力の場合、不具合が発生したとしても、容易に現地に駆け付けることができないため、遠隔での監視・診断・制御が非常に重要になります。

洋上風力発電所向けのベアリングで世界トップを走るスウェーデン企業のSKFは、ビジネスのデジタル化でも世界をリードします。同社の工場は、ベアリングの状態監視・診断を通じて、ベアリングに故障が発生した場合、顧客の工程に支障をきたすことなく、スムーズに部品交換できるようなスマートファクトリーを実現しています。加えて、「Rotation as a service(サービスとしての回転)」と称して、「手段」ではなく「成果」を販売するビジネスモデルにも取り組んでいます。成果をベースとした契約では、生産性、稼働率、エネルギー使用量など、顧客のオペレーションに関連する項目について、事前に設定した目標に対する成果に基づいて料金が決まります。

こうした海外勢の動向に対して、日本企業も手をこまぬいているわけではありません。2020年12月、日本精工は、英国のスペクトリス社から、３万基以上の風力発電に導入実績を持つ同社の状態監視システム（CMS）事業を買収しました[33]。CMS事業の土台を築いた日本精工の今後の進展が期待されます。

4. 次なる覇者を育むための条件

ここまで見てきたように、筆者らは、世界の脱炭素化を実現するためには、日本企業の力が必須であり、また、日本から新たな覇者を輩出することで、2050年に「食っていける日本」を遺したいと考えています。これを実現するためには、いくつか留意すべきことがあります。

第一に、グローバルで勝負すべき事業とローカルで作り込むべき事業を混同しないことです。グローバルで勝負すべき事業を、国内市場で“大事に”育てても、海外市場で求められる競争力は身につきません。初めから海外市場で勝負する、あるいはそれを見据えた事業展開をすべきです。

一方、工事や保守といった領域は、徹底的にローカルで産業化を推し進めるべきです。工事や保守もデジタル化により必要な工数は少なくなっていくでしょう。それでも最後の最後は、人手が必要になる領域が残ります。こうした領域は、きちんと各地域で人材育成を進め、地域でお金が回る仕組みを作ることが必要です。

地域に工場を誘致して雇用を生むという“昭和モデル”は、もはや通用しません。競争力のない製品の製造拠点を無理に立ち上げたとしても、結局は撤退を余儀なくされます。

例えば、日本企業による洋上風力の産業化に向けて、様々なローカルルールなどの制約で市場を守ることは、一時的には海外企業への富の流出にブレーキをかけることになっても、過度な制約は洋上風力の建設費用の増大を招き、高い電力コストとして国民の負担になりますし、そうした守られた市場でしか勝負できない産業は、グローバル市場で稼ぐことができません。

日本が市場としてそれなりの規模を有していた時代であればまだしも、これから縮小していく中で、国内市場に依存した産業育成は悪手でしかないでしょう。しばしば、産業育成のために官民の連携が必要と言われますが、その連携のあり方も変えていく必要があります。

Chapter 5

パラダイムシフトを実現する政策とは

本章では、「需要の電化」と「発電の脱炭素化」を車の両輪で進めていくための政策のあり方を考えます。政府は電化の推進を政策として打ち出していますが、現実にはそれと逆行する法制度が残り、それらの見直しが急務です。また、自然変動性の再生可能エネルギーを主力電源とし、増大する電力需要に応えていくには、電力システム自体を新しい仕組みへ移行する必要があります。少し大胆な改革案を提案しましょう。

1. 電化が進みそうで進まない理由

カーボンニュートラルは本来、脱炭素化、分散化、デジタル化が同時並行的に進んでいくことにより正のスパイラルが働き、自律的に達成されます（図表1）。

図表1 **自律的に電化が進展する正のスパイラル**

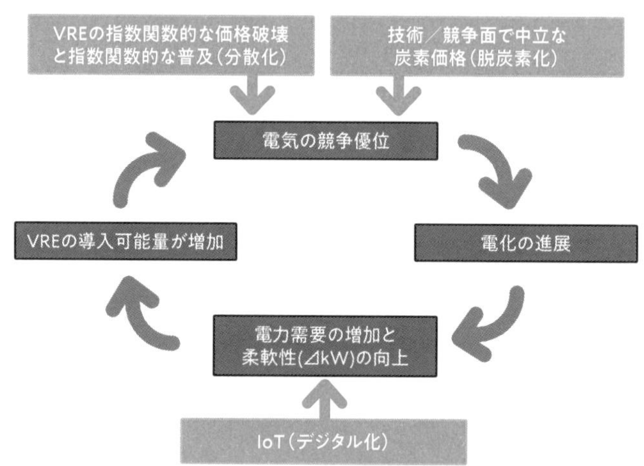

注:VRE（自然変動電源）
出所:筆者作成

しかし、現実はスムーズには進みません。その理由としては、「低廉・潤沢・CO_2フリーな電気」が確保できていないことがまず挙げられます。CO_2フリーの主力電源となることが期待されている再エネも、わが国では、量とコストの面で課題があることはここまで記してきたとおりですが、進むべき電化が進展しない理由の１つとして、逆行する法制度の存在を強調しておく必要があります。

「2050年カーボンニュートラルに伴うグリーン成長戦略」（経済産業省、2021a）でも、「電力部門は、再エネの最大限の導入及び原子力の活用等により脱炭素化を進め、脱炭素化された電力により、非電力部門の脱炭素化を進める」と、**最終エネルギー消費の約70％を占める非電力部門の電化を推進していくことを政府は打ち出していますが、現実には電化推進の足を引っ張っている法律があるのです**。具体的には、省エネ法（エネルギーの使用の合理化等に関する法律）とエネルギー供給構造高度化法（エネルギー供給事業者による非化石エネルギー源の利用及び化石エネルギー原料の有効な利用の促進に関する法律）です。

アンチ電化の現行法制（省エネ法）

「省エネ法」は石油ショックを契機に1979年に制定された法律で、その目的は「内外におけるエネルギーをめぐる経済的社会的環境に応じた燃料資源の有効な利用の確保に資する」ことです。端的に言えば、化石燃料の使用の合理化です。省エネ法に基づき、一定規模以上の事業所（需要家）はエネルギーの使用状況を毎年国に報告するとともに、年平均１％程度エネルギー消費量（あるいは消費原単位）の削減に努める義務を負います。

2006年以降は、「温対法（地球温暖化対策の推進に関する法律）」に基づく、温室効果ガス排出量もこの報告に含めることとなりましたが、削減努力義務を負うのはエネルギー消費量です。

そもそも、エネルギー消費量はどのように計測されるのでしょうか。現在の省エネ法は化石燃料使用の合理化の推進に関する法律ですから、省エネ法上でエネルギーと定義されているのは、化石燃料と化石燃料に由来する熱・電気だけであり、太陽光、風力、原子力等は含まれていません。

需要家が電気事業者から購入する電気は、太陽光、風力、原子力など化石燃料によらない電源を一定程度含みますが、全量が熱効率30％台後半の火力発電による電気とみなされて一次エネルギーに換算されます[34]。「化石燃料を起源としない電気のみであることが特定できない」というのがその理由です。

そのため、電気事業者が非化石エネルギーの導入量を増やし、需要家が積極的に非化石エネルギー専用メニューに切り替えても、温室効果ガス排出量は減少するものの、削減努力義務を負う一次エネルギー消費量はまったく減少しないことになります。

これは、需要家から見れば、化石燃料を燃焼させる機器から電気機器に切り替えるインセンティブを阻害します。地域独占の時代ならまだしも、電力小売りが全面自由化され、需要家が電源を選べるようになった現在、「化石燃料を起源としない電気のみであることが特定できない」からすべて火力発電とみなすという割り切りは、粗雑に過ぎます。

実際に需要家が自家発電として、あるいは自営線や自己託送を介して購入した再エネ電気は、今でも省エネ法の対象外です。電気事業者から買う電気と異なり、「化石燃料を起源としない電気のみであることが特定できる」からとされます。

いまや需要家はコーポレートPPA（企業が再エネ発電事業者と直接締結する電力購入契約）や小売り電気事業者による専用の料金メニューの形で電気事業者から非化石エネルギーによる電気を選択できますから、こうしたケースまで「電気事業者から購入する電気＝火力発電」という粗雑な割り切りを継続するのはもはや説明がつきません。

温室効果ガス削減が国の重要目標となった以上、効率的に温室効果ガスを削減することを優先すべきです。省エネは温室効果ガス削減の重要な手段ですが、唯一の手段ではありません。

後述するカーボンプライシング（炭素への価格付け）による価格効果にインセンティブを一本化し、省エネを行うか、購入するエネルギーを再エネなど低炭素なものに切り替えるか、個々の需要家の事情に合わせた選択に委ねるのが合理的です。つまり、カーボンプライシング導入と同時に省エネ法は廃止することが理に適います。

現在、総合資源エネルギー調査会省エネルギー小委員会において、省エネ法の見直しが議論されています。事務局からは、「太陽光や風力等非化石エネルギーを含む全エネルギーを省エネの対象とする」見直し案が提示・承認され、この案を軸に今後調整が進むようです。諸外国の類似制度では、電気の一次エネルギー評価は非化石エネルギーも含む電源構成に応じて算出されており、これに倣おうとしているのでしょう。カーボンプライシングの導入には時間がかかるという前提に立ったセカンドベストとしては、ありえる方向性かもしれません。

アンチ電化の現行法制（高度化法）

省エネ法とならんで電化への障壁となるのが、エネルギー供給構造高度化法（以下、「高度化法」）です。その目的は、「エネルギー供給事業者による非化石エネルギー源の利用及び化石エネルギー原料の有効な利用を促進するために必要な措置を講ずることにより、エネルギー供給事業の持続的かつ健全な発展を通じたエネルギーの安定的かつ適切な供給の確保を図る」ことです。

具体的には、経済産業大臣がその基本的な方針を策定するとともに、エネルギー供給事業者が取り組むべき事項について、ガイドラインとなる判断基準を定めます。これらの下で事業者の計画的な取り組みを促し、その取り組み状況が判断基準に照らして不十分な場合には、経済産業大臣が勧告や命令を発出できます。

高度化法に基づく「ガイドラインとなる判断基準」として、電気事業については「非化石エネルギー源の利用に関する電気事業者の判断の基準」が定められています。それに基づいて、年間販売電力量が5億kWh以上の小売電気事業者は、自ら供給する電気の非化石電源比率を2030年度に44％以上にすることが求められています。そして、目標達成の確度を高めるため、毎年度ごと、電気事業者ごとに到達すべき非化石電源比率を中間目標値として国が定め、その達成状況や取り組み状況を評価することとしています。
「非化石電源比率を2030年度に44%以上」は、2015年に作成された、2030年度における長期エネルギー需給見通し（電源ミックス）における非化石電源（再エネと原子力）の比率とリンクしています。
この電源ミックスは、2015年に国連気候変動枠組条約事務局に提出された「日本の約束草案」における「2030年度に温室効果ガスを2013年度比26%削減」の目標と整合しています。つまり、電気事業者にとっては、「2030年度に非化石電源比率44%以上を達成すること＝国の目標達成に向けて期待される役割を果たすこと」であったわけです。
しかし、政府は新たに2050年カーボンニュートラルというチャレンジングな目標を打ち出し、2030年度については、2021年4月に「2013年度比46%削減」という急進的な目標を掲げました。
従来のような具体的な措置の積み上げによる根拠もない目標が掲げられ、この目標に付き合う形で高度化法の目標に設定し直したところで現実的な目標とはなりません。この枠組みを無理に維持することは、カーボンニュートラルの達成をかえって阻害しかねないのです。
というのも、非化石電源は無制限に確保できないので、非化石電源比率の目標は販売電力量に上限を課すことになります。すなわち、利用可能な非化石電源÷44%が販売電力量の理論上の上限です[35]。
非化石電源が希少であれば、小売電気事業者には、需要家に電気を売ることを諦め、代わりに他のエネルギーを販売しようとするインセンティブが働きます。つまり電化を阻害します。原子力の再稼働が進まないなどの理由で計画通りの電源ミックスが達成できないと、「2013年度比46%削減」に合わせて非化石電源比率の目標を高くする場合などで、電化促進への悪影響は特に大きくなるでしょう。
あえて高い目標を掲げることで、市場原理に則って非化石電源の価格が上がり、開発が促されると主張される向きもありそうですが、少なくとも現時点では、高度化法は電気以外のエネルギー供給事業者にチャレンジングな目標を設定しておらず[36]、エネルギー間競争の中で電気の価格優位が失われるだけになります。これも電化を阻害します。

省エネ法が促進する省エネも、高度化法が促進する非化石エネルギー源の活用も、**一般論としてはカーボンニュートラルに資するものです。しかし、制定当時から環境が大きく変わり、電化を阻害する弊害が顕在化してきています**。

制度設計が中立でなく、電気だけに厳しい制約を課すものとなっているため、グリーン成長戦略でいう「脱炭素化された電力による非電力部門の脱炭素化」に逆行する制度になっているのです。

2. カーボンプライシングでアンチ電化を中立化

これまで日本では、カーボンプライシングについて産業界を中心に慎重な意見が多く、なかなか議論が進まない状況にありました。しかし、既存法制の電化への阻害を解消するには、これらの法制を「エネルギー全体をカバーする中立的なカーボンプライシング」に置き換えることが有効です。

カーボンプライシングは、企業などによる温室効果ガス排出量に価格付けをして、排出削減を動機づける制度です。企業や国などに温室効果ガスを排出することができる排出枠を割り当て、それを取引する過程で炭素に価格がつく「排出量取引制度」と、炭素の排出量そのものにその価格を課税する「炭素税」に大別されます。

排出量取引制度も炭素税も理想的な環境の下では、いずれも効率的な資源配分が可能ですが、炭素税は炭素の価格を初めに決めるので、価格の予見性が高い一方、目標としている温室効果ガス削減が確実に達成できるものではないという課題があります。

排出量取引制度は、排出枠を最初に決めるので、目標としている温室効果ガス削減が確実に達成できる一方、価格が乱高下して投資シグナルになりにくい、といった課題があります。ただし、国のすべての経済活動に排出枠を設定することは現実的ではなく、鉄鋼、化学、発電などの主要な排出源である業種に限定して枠が設定されるのが普通であり、目標達成が確実なのは排出量取引の対象業種に限定されます。

エネルギー供給事業について見ると、例えば欧州連合域内排出量取引制度（EU ETS：European Union Emissions Trading System）では、発電所で作られて配送される電気には排出枠が設定される一方で、需要場所に設置される化石燃料燃焼設備については定格熱入力20MW（メガワット）を超えるものに対象が限定され、「エネルギー全体をカバーする中立的なカーボンプライシング」になっていません。

非化石電源が無限に確保できない限り、排出枠を設定することは電力の使用に上限を設けることと同じですから、政府の方針である「脱炭素化された電力による非電力部門の脱炭素化」とは相容れません。**カーボンニュートラルを目指すためのカーボンプライシングは、エネルギー全体をカバーする中立的な炭素税であるべきと考えます**[37]。

日本は「地球温暖化対策税」と呼ばれる炭素税をすでに導入しており、現在の税率はCO_2排出量１ｔあたり（t-CO_2）289円です。他方、菅義偉前首相による「成長につながるカーボンプライシング」への取り組み宣言を契機に、経済産業省と環境省がそれぞれ会議を開催し[38]、今後のカーボンプライシングのあり方について検討を始めています。

カーボンプライシングには「明示的」と「暗示的」の２種類があります。明示的カーボンプライシングは、地球温暖化対策税のようにCO_2排出量に比例して課金されるものです。対して、暗示的カーボンプライシングは、CO_2排出量に比例していないエネルギー課税など、結果としてCO_2排出量を削減する効果があるものをいいます。また、省エネ法の一次エネルギー削減目標や産業各分野の業界が設定した自主行動計画の目標等も定量化は難しいですが、暗示的なカーボンプライシングに含むことができます。

日本の場合、明示的カーボンプライシングの水準である289円/t-CO_2は、国際的に低いと言われます。他方で経済産業省は、定量化可能な暗示的カーボンプライシング、すなわちエネルギー課税を含めると日本の実効的なカーボンプライシングは4057円/t-CO_2（2018年度実績。経済産業省、2021b）になると試算しています（総税収は約４兆3000億円）[39]。ただし、総税収のうち約３兆6000億円はガソリン税、軽油取引税などの輸送用燃料に対する課税が占めています。

大型炭素税の勧め

では、炭素税は今後どのようにすべきでしょうか。筆者らは次のように考えます。

- 炭素税の税率を、CO_2排出削減の動機づけが期待できる程度の高率（例：１万円/t-CO_2）まで引き上げる。
- 税収中立措置を併せて講じることにより、経済への影響を緩和する。例えば、１万円/t-CO_2の炭素税導入に合わせて消費税を５％減税するなど。税収中立措置を講じるので、税収は必然的に一般財源繰り入れが基本となる。

このように考える理由は、次の２点です。

１点目は、税率を一定程度上げた「エネルギー全体をカバーする中立的なカーボンプライシング」を導入することで、**価格効果による効率的なCO_2排出削減が期待できることです。**次ページの図表２は、マッキンゼー＆カンパニーが作成した日本における温室効果ガス排出削減コスト曲線です。これに基づけば、日本の温室効果ガス排出総量約12億ｔ（CO_2換算）のうち、８億ｔ強分の削減対策は、１万円/t-CO_2の炭素税が導入された下で費用対効果がプラスです。

このような対策はいたずらに補助金を投入するのではなく、これらが市場で選択されにくいならばその要因となる「バリア」の解消が求められます。また、削減コストが１万円/t-CO_2を超える対策は、現時点では実装されていない技術が多く含まれており、これらの実装に向けた研究開発に補助金を重点的に投下していくことが重要だと考えられます。

図表2 日本における温室効果ガス排出削減コスト曲線の例

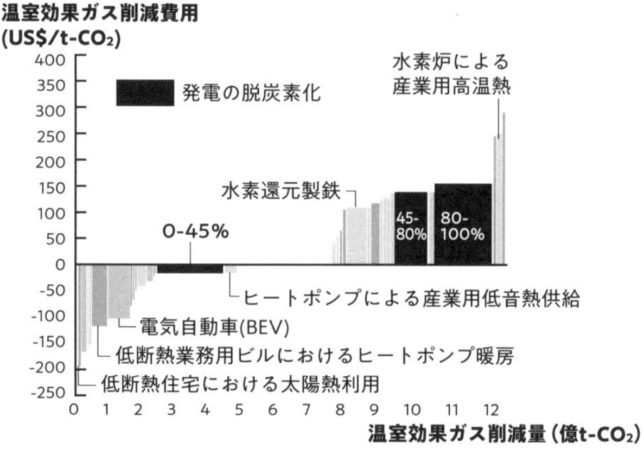

出所:マッキンゼー&カンパニー（2021）を加工

２点目は社会的厚生の改善です。炭素税は、CO_2排出という外部不経済を内部化するとともに社会的限界費用を明らかにし、社会的厚生を改善するピグー税の一種になります。このメカニズムを消費税との対比で示します。

図表３は消費税を導入したケースです。導入前は価格 P1、取引量 Q1 で需給が均衡していたところで、BC の幅で消費税を導入したとしま

図表3 消費税の市場への影響

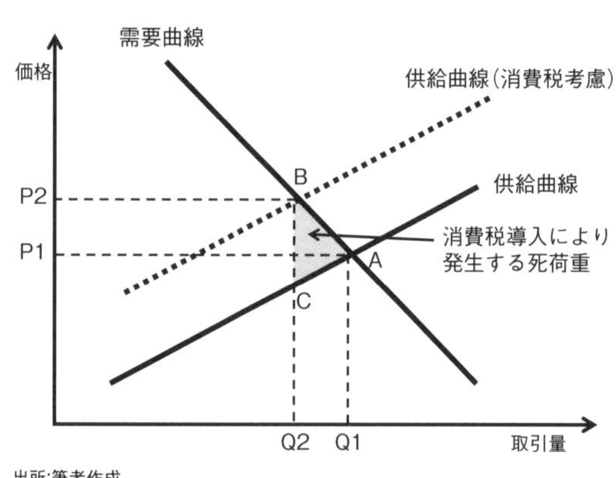

出所:筆者作成

す。需給の均衡は価格P2、取引量Q2に移動し、その結果、三角形ABCの死荷重すなわち社会的厚生の損失が発生します。

図表4は炭素税を導入した場合です。炭素税導入前は図表2と同様に価格P1、取引量Q1で需給が均衡していますが、この取引量Q1はCO_2排出の外部不経済が考慮されていないので、社会全体にとって望ましい水準より過大になります。

そこに、ADの幅で炭素税を導入して外部不経済を内部化すると、需給の均衡は社会的厚生が最大となる価格P2、取引量Q2に移動します。その結果、炭素税導入前に存在していた三角形ABDの死荷重が解消します。

図表4 炭素税の市場への影響

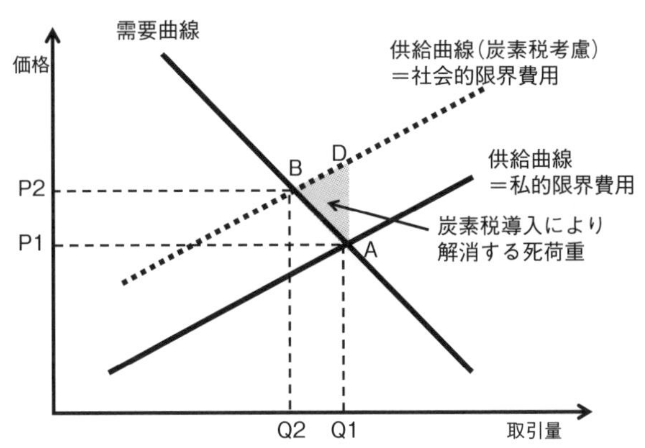

出所:筆者作成

ここでは消費税の例を示しましたが、ごく限られたケースを除き、ピグー税でない課税は資源配分を大なり小なり歪め、社会的厚生を減少させます。したがって、税収中立措置を講じて、既存の税の一部をピグー税である炭素税に置き換え、その炭素税が最終商品価格に適切に転嫁されれば、社会的厚生は必ず増加します。

このように税収中立措置を伴った高めの税率の炭素税を「大型炭素税」と呼ぶことがあります。例えば、2016年、環境省の気候変動長期戦略懇談会はその提言（環境省、2016）の中で、「法人税減税、社会保障改革と一体となった大型炭素税」を提案しています。

この提言とほぼ同時期に公開された環境省の公募研究「2050年までの温室効果ガス大幅削減に向けた経済的措置に関する調査・検討」(地球環境戦略研究機関他、2016) では、1万800円 /t-CO_2の炭素税導入とその税収と同規模の約10兆円分の法人税・所得税減税を組み合わせれば(すなわち、税収中立措置を講じれば)、経済成長を悪化させないという、応用一般均衡モデルを用いたシミュレーション結果を示しています。

大型炭素税への備えと課題

最近行われた炭素税導入に伴う経済影響分析としては、環境省の「カーボンプライシングの活用に関する小委員会」で公表された、価値総合研究所による分析(価値総合研究所、2021) があります。そこでは、税収の使途については全額を政府支出に活用するケースと政府支出と民間設備投資補助で折半したケースのみが検討されていましたが、税収中立のケースも検討すべきであったと考えます。

税収中立を伴う大型炭素税の導入については、反論がいくつか考えられます。代表的なものは以下の２つです。

第一に、外部不経済の正確な計測は現実には困難であるという反論です。正確に定量化できなくとも、炭素税が外部不経済の実額よりも小さい税率である限りは、社会的厚生は炭素税を導入しない場合と比べて改善することはあっても、悪化することはありません。

図表５でそれを示します。炭素税が外部不経済の実額に等しい場合、三角形 AEF の死荷重が解消されます。他方、その実額よりも小さい炭素税が導入された場合の死荷重の減少は三角形 ABD です。つまり、この場合でも、最善ではないにしろ社会的厚生は増加するので、他の税を炭素税で代替する意味はあると言えます。

図表5 **炭素税導入による社会的厚生の増加**

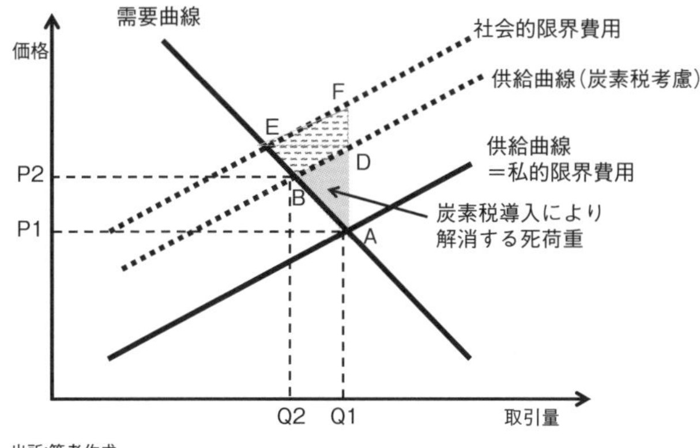

出所:筆者作成

第二に、日本だけが高税率の炭素税を導入した場合、日本のエネルギー多消費産業の国際競争力が低下する、あるいはそのような負担が少ない他国に生産がシフトして地球全体の温室効果ガスの排出が減らない、いわゆるカーボンリーケージを起こすだけとの反論もあります。

これは、従来、日本におけるカーボンプライシングの議論で何度も指摘されてきたことであり、かつ妥当な指摘と考えます。パリ協定以降、各国が野心的な温室効果ガス削減目標を打ち出す中で、欧米でも同様の問題意識が強まったようで、EUにも米国にも「炭素国境調整措置」の導入を模索する動きが見られます[40]。

炭素国境調整措置とは、気候変動対策が緩い国からの輸入に対して事実上の関税を課すことにより、気候変動対策の強度に起因する競争上の不公平を是正しようとするものです。次ページの図表6はその仕組みを図示したものです。気候変動対策が緩い国からの輸入品に対し水際でカーボンプライシングを課金するとともに、自国からの輸出品に対しては水際で国内のカーボンプライシングを還付します[41]。

炭素国境調整措置は、理論上、気候変動対策と公正な国際競争の両立を可能とする措置と言えますが、課題も多くあります。

根源的なところでは、WTO（世界貿易機関）ルールと整合的な制度

図表6 **炭素国境調整措置の仕組み**

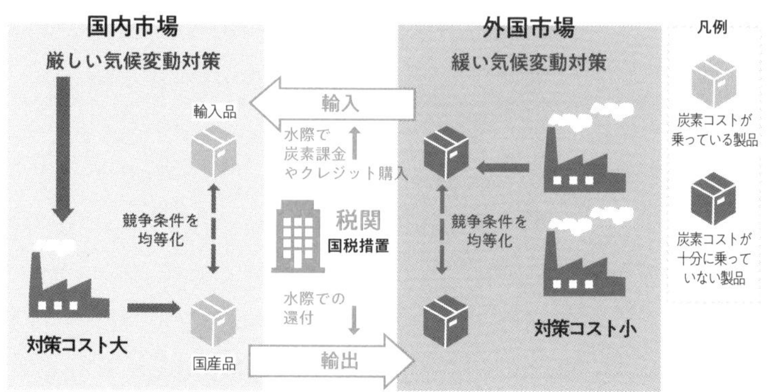

出所:日本エネルギー経済研究所(2021)を加工

設計ができるかどうか、です。具体的にはGATT 第20条の一般的例外[42]、例えば「有限天然資源の保存に関する措置」に該当するかどうか。加えて同条の柱書「それらの措置を、同様の条件の下にある諸国の間において任意の若しくは正当と認められない差別待遇の手段となるような方法で、又は国際貿易の偽装された制限となるような方法[43]で、適用しないことを条件とする」に合致するかどうかです。

このように炭素国境調整措置の導入には、多数の課題がありますが、議論は進み、いずれ導入されるでしょう。国際競争力の喪失やカーボンリーケージの懸念を主張して国内の炭素税導入を回避したとしても、炭素国境調整措置が導入されれば、国際貿易財を扱う産業はカーボンプライシング込みの競争に否応なしに巻き込まれます。

日本政府は、この措置が公正なものとなるように検討に積極的に関与していくことに加え、日本の国内対策、特に暗示的なカーボンプライシングが、国際交渉においてカーボンプライシングと認知されるように努めることが肝要です。その際、必要に応じ、**既存制度を明示的カーボンプライシングにシフトさせている**ことも視野に入れるべきでしょう。

3. 増大する電力需要に応えるには

カーボンニュートラルに向かうと、エネルギー需要の電化が進展し、電力需要が大きく増加することが見込まれるのは繰り返し述べたとおりです。しかし、日本の電力システムの現状は、強力な政策支援を受けている電源を除き、将来の需要増を見越した新規投資どころか、逆に経年電源の廃止が進展し、電力不足が懸念されている状況にあります。競争市場であることに政策の不透明さが加わり、費用回収の見通しが立ちにくくなっているのです。

1990年代以降、地域独占による供給体制が世界的に主流だった電気事業に市場原理を導入する改革（電力システム改革）が世界的に進展しました。そのとき多くの国で採用されたモデルは、送配電網を共通のインフラとして開放することで発電・卸売と小売りの分野に新規参入を可能とし、両分野に競争を導入するというものでした。日本もこのモデルを採用しました。

経済産業省でエネルギー・環境政策の立案に長らく関わり、退官後はこれら政策の研究者として活躍した、元21世紀政策研究所研究主幹の澤昭裕氏（故人）は2012年の論考で、このモデルを「送電線開放モデル」と呼びました（澤、2012）。そして、当時の政府が送電線開放モデルの下での競争強化を議論していた中で、このモデルを日本に採用し続けることに疑問を投げかけました。

澤氏は、**発電分野で多数のプレイヤーが競争することを想定している送電線開放モデルは、日本の電力システムに求められる条件と両立しにくい**と指摘しました。その条件とは、

第一に、安定供給に必要十分な一定の冗長性を持った供給力の確保

第二に、国際エネルギー市場で伍していける購買力の形成

第三に、電源の多様化によるリスク分散

の３点でした。

この論考は10年近く前のものであり、その後日本のエネルギー事業をめぐる環境は大きく変わっています。政府がカーボンニュートラルの目標を示したことがその最大のものですが、これが今後、電気事業の投資環境に与えるであろう影響を考察すると、送電線開放モデルの下で、澤氏が指摘した第一の条件「安定供給のために必要な供給力を維持していくこと」は、ますます難しくなっていくと予想されます。

澤氏は、送電線開放モデルの対案として「小売りサービス多様化モデル」（後述）への移行を提示していたのですが、その実現を検討すべき時期が来ているのです。

日本に送電線開放モデルを採用したのは正しかったか

1990年代以降、世界的に進展した電力システム改革では、送配電網を共通のインフラとして開放することを通じて、発電・卸売と小売りの分野に新規参入・競争導入を可能とする「送電線開放モデル」を多くの国が採用し、日本も2000年に特別高圧需要家向けの電力小売りを自由化した際、諸外国に倣ってこのモデルを採用しました。

発電分野に競争を導入する論拠は、一般的には「**発電分野における規模の経済性の消滅**」であると言われます[44]。しかし、**欧米とは大きく異なる日本のエネルギー事情を考えると、この論拠が日本でも成立するのかどうか**、また、この論拠の下に送電線開放モデルを採用したことがそもそも正しかったのか、疑問がないとは言えません。

例えば火力発電の主要燃料である天然ガスについて、欧州はパイプライン供給網が発達しているだけではなく、巨大な地下貯蔵施設が多数存在し、数カ月分の発電量に相当する在庫が可能です。北欧地域に豊富にする水力発電所は、数カ月分の発電に相当する巨大な貯水池を持っています。こうした巨大なバッファーを持つ欧州に対し、日本は、水力発電所の貯水量はせいぜい数日分レベル、天然ガスはほとんどを輸入LNGに依存しています。低温で液化しているので、大量に在庫を持つことは難しく、発電用LNGの在庫は通常14日程度に過ぎません。

つまり、日本の電気事業は、欧州に比べて格段にバッファーが乏しい環境の中で、安定した供給が求められているわけです。その遂行のためには、特定の燃料に過度に依存せず多様化することによってリスクを分散すること、上流の国際エネルギー市場のプレイヤーに伍していける購買力を維持することが必要です[45]。

すなわち、澤（2012）が指摘した日本の電力システムに求められる前述の３条件のうち、第二の条件（海外エネルギー市場における購買力）および第三の条件（燃料多様化）にあたります。

日本が諸外国に倣って採用した送電線開放モデルは、発電分野の規模の経済性が消滅したことを前提に、多数のプレイヤーが活発に競争する「競争的な kWh 市場」を目指します。すべてのプレイヤーがプライステイカー[46]となり、市場価格が短期限界費用により決まる kWh 市場を理想とします。しかし、すべてのプレイヤーがプライステイカーになる競争的な市場とは、多数の小規模プレイヤーからなる市場です。

こうした小規模プレイヤーたちが、澤氏が指摘した条件を満たすことが可能なのかどうか。これらの条件があるにもかかわらず、日本が「発電分野の規模の経済性の消滅」を前提とした競争モデルを取り入れたのは正しかったのかどうか。

澤（2012）は日本の電気事業はむしろ大規模化を目指すべきと指摘していたのですが、それはまさにこのような観点からでした。

送電線開放モデルを補完する容量市場

東日本大震災後の電力システム改革において、政府は、大手電力会社に対して余剰供給力全量を限界費用で kWh 市場（前日市場）に投入することを事実上強制しました。これは大手電力会社にプライステイカーのように振る舞わせ、送電線開放モデルが理想とする競争的な kWh 市場を模擬しようとしたものと理解されます。

その結果、新規参入者は kWh 市場（前日市場）から割安な電気を仕入れることが可能になりシェアを拡大しましたが、その一方で、市場価格が固定費の回収が難しい低水準で推移したことから、電源の廃止が進展し、電力不足が懸念されています。

これについても、澤（2012）は「送電線開放モデルは、安定供給に必要十分な一定の冗長性を持った供給力の確保と両立しにくい」という適切な指摘をしています。

実は、この課題は日本固有のものではありません。電力システム改革が開始された当初は、kWh市場の需給調整能力により必要な供給力は維持されると考えられてきましたが、**現実にはkWh市場の需給調整能力に委ねるだけでは、社会が求める冗長性を持った供給力は確保されないのです**。

そのことを説明する前に、「kWh市場の需給調整能力により必要な供給力は維持される」とされてきたメカニズムを紹介しておきます。

図表7は、競争的なkWh市場における通常時の約定のイメージです。供給曲線は短期限界費用が安い順に電源等が並んだもので[47]、需要曲線と供給曲線の交点E1が需給均衡点、約定量Q1を供給するためにG1からG6までの供給力がすべて稼働していて、kWh市場価格はG6の短期限界費用に相当するP1になります。

この価格では少なくともG6は固定費回収ができず、G1からG5は何かしらの限界利益を得ているものの、固定費回収原資として十分な保証

図表7 kWh市場における需給均衡（通常時）

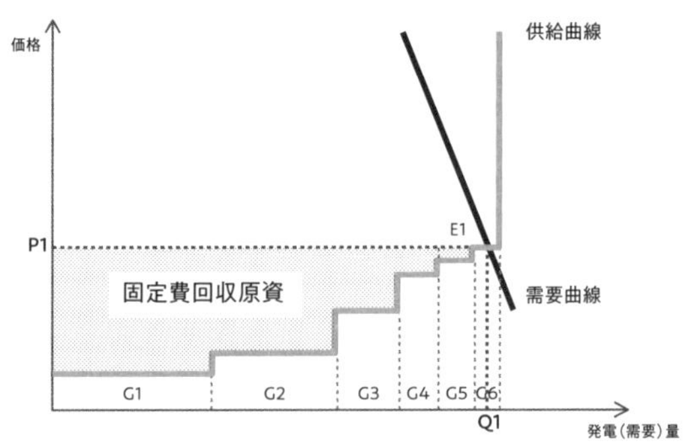

出所：筆者作成

はないので、中長期的にこの電力システムは持続可能ではありません。

ここから需要がさらに増加すると、価格スパイク（価格の高騰）が発生します。図表８では、需要曲線が図表７からさらに右側にシフトし、供給曲線との均衡点はE2になります。

市場にある供給力を使い切っているため、Q2－Q1に相当する需要を削減し需給を均衡させています。このとき、需要側の市場参加者は何らかの便益を得るために事前に予約購入していた電気の使用権を放棄して市場に売り戻します。放棄した使用権が電気を使わないことに伴う機会損失相当額よりも大きい金額で売れるのであれば、売り戻すことが合理的になります。

つまり、需要側の市場参加者が示す売値は、電気の使用権を放棄することに伴う機会損失になり、それがkWh市場の約定価格になることによって電源等の限界費用を大きく上回る価格スパイクが発生し、電源等の固定費回収の原資が得られることを期待します。

図表8 **kWh市場における需給均衡（価格スパイク発生時）**

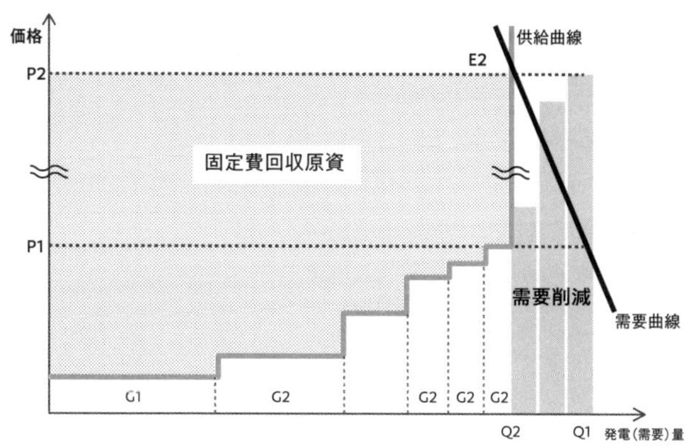

出所：筆者作成

もっとも、価格スパイクが発生するとしても、その頻度と価格水準が社会的に望ましい供給力を維持するために十分かどうかはわかりません。他の市場と同様に、電力の市場も完全な市場ではありません。現実には、電力市場が持つ制約から、価格スパイクにより維持される供給力は、社会的に望ましい量よりも少なくなります。Keppler (2014) によれば、その制約とは次の２つになります。

第一に、「**供給信頼度の外部性**」です。電力システムに供給支障が起きることの社会的影響は甚大ですから、供給力を多めに確保して供給支障の確率を減少させることの社会的便益は大きいのですが、市場参加者、特に需要側の参加者はその便益を十分に評価できません。

第二に、「**発電設備への投資に伴うリスクの非対称性**」です。電気は貯蔵が難しく、需要の価格弾力性が小さい、すなわち、電気が余っているときに値段を下げたとしても需要が劇的に増えるわけではなく、余剰となった発電設備の設備利用率は極端に低くなります。発電設備に投資する投資家から見ると、過小投資よりも過大投資のリスクの方が大きいので、市場にただ委ねるだけでは、投資家は過小な投資をします。

つまり、kWh 市場の需給調整能力に委ねるだけでは維持される供給力は過小になるので、多くの場合、何らかの公的な主体が、電力システムの供給信頼度の目標値とそのために必要な予備率（適正予備率）を定めます[48]。市場原理とは無関係に工学的な確率計算で定められることから、**適正予備率は kWh 市場に委ねれば自動的に達成されるものではありません。これは自明です**。

そして、この信頼度目標を確実に達成するための仕組みとして、いくつかの国・地域で導入されているのが「容量市場」です。通常、電力の市場というと電源が発電するエネルギーの対価（kWh 価値）を取引する市場（kWh 市場）を指すことが多いのですが、容量市場は、電源等の供給力が電気を供給する能力を維持していることの対価（kW 価値）を取引する市場です。社会的に望ましい信頼度基準を達成する供給力の量を調達目標量とし、オークションを通じて当該量を確実に確保しようとする仕組みというわけです。

容量市場はすべての国・地域で導入されているわけではありません。容量市場は採用せずに、kWh 市場の需給調整能力に期待し続けることを選択している国や地域もあり、このようなアプローチをEnergy Only Marketと呼びます。また、先述のとおりEnergy Only Marketに単純に委ねるだけでは供給力は過小となるので、容量市場以外の人為的な措置を組み合わせてEnergy Only Marketの限界を補完している例もあります（戸田、2021）。

ただし、IEA（2016）は次のとおり、信頼度目標を必達目標とするのであれば、容量市場が必要であると説いています（下線は筆者による）。

> 信頼度基準が努力目標であり、政策立案者が高い価格と低い信頼度を限られた期間（例えば、数年）にわたって受け入れられる場合には、供給不足時価格を持つkWhのみ市場[49]で十分である可能性が高い。しかし、<u>もしその信頼度基準が、常に必須の資源のアデカシーの最低値として定義される場合には、容量メカニズム[50]が必要になる</u>。

カーボンニュートラルに向かう時代に送電線開放モデルは相応しいか

2050年カーボンニュートラルの目標が示されたことにより、電気事業を含む日本のエネルギー産業は、あと30年でCO_2を実質排出しないシステムへの移行を目指すことになりました。このことは電気事業の投資環境、特に電源の投資環境にどう影響するでしょうか。

繰り返しになりますが、CO_2を大幅に削減するには、「需要の電化」と「発電の脱炭素化」を車の両輪で進める必要があるため、電力需要の大幅な増加が想定されます。

これを、もう少しデータを踏まえて検証してみましょう。2020年５月の総合資源エネルギー調査会基本政策分科会で公表された地球環境産業技術研究機構によるシナリオ分析（RITE、2021）は、ケースにより幅がありますが、2050年の電力需要（総発電電力量）は１兆3500億～１兆5000億kWhと、現状（約１兆kWh）から相当程度増加するとの結果を示しました[51]。一部の産業用需要など、電化が困難な領域まで国内製造のグリーン水素あるいはそれ由来の合成燃料で賄うことを前提とすると、現在の２倍の２兆kWhを超えるというシナリオを公表する機関もあります[52]。

2050年の電力需要が１兆4000億kWhになるとして、今後30年間で電力需要は毎年平均で約130億kWh増加することになり、当然この増勢に見合った供給力の拡充が求められます。日本の電力需要の経年推移を見ると、電力小売り自由化が始まった2000年以降、電力需要は横ばいまたは減少傾向で推移していますが、2000年までの30年間では、毎年平均で約200億kWh増加しています。つまり、30年間で毎年平均約130億kWhという増分需要自体は、過去に経験がない水準ではないのです。

ただし、今後の30年間は増分需要に相当する設備投資だけをすればよいのではありません。既存の発電設備のストックについても、脱炭素化に向けた置き換えや追加の投資が必要となります。また、2000年までの30年間は、日本の電力システム改革は本格化しておらず、「法的独占＋供給義務＋総括原価制度」の時代でした。

投資回収のリスクを懸念する必要は基本的になく、増大する需要にいかに応えるかだけを考えていた時代で、自由化・競争が進展している現在とは電源投資の環境は大きく異なります。これだけ考えても、2050年にカーボンニュートラルを達成するために必要な電源投資を確保するのは、容易ではありません。

加えて、2050年カーボンニュートラルの目標が示されたことに起因する、民間企業による電源投資判断を難しくする要素が、少なくとも３点ほどあります。

第一に、**電化の進展で電力需要の増加が見込まれると考えられるものの、本当に増加するかは不透明な点です**。電化は需要側機器のストックの入れ替えを伴うので、過去のトレンドを見ても急に進展するものではありません（図表９）。

2050年にカーボンニュートラルを達成するには、過去のトレンドを変える必要があり、そのためには強い政治力と政策[53]が必要です。電化を阻害する政策を是正することはもちろん、電化推進の強力な政策が採ら

図表9 日本の電化率（最終エネルギー消費ベース）の推移と見通し

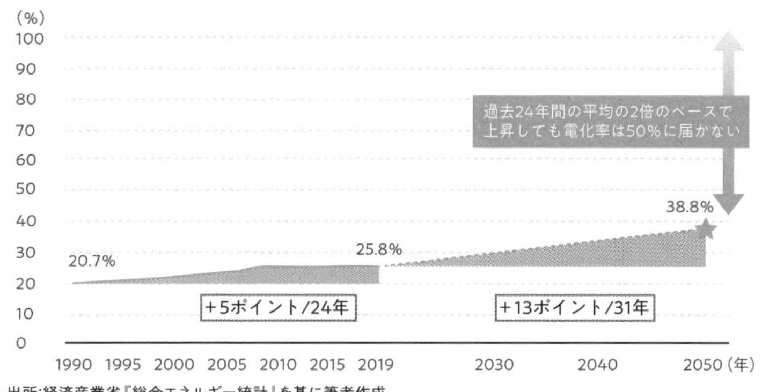

出所:経済産業省『総合エネルギー統計』を基に筆者作成

れなければ、電化は進展せず、人口減少に伴って電力需要がむしろ減る可能性もあります。

第二に、**電源ミックスを構成する技術の多くがまだ実装に至っていない、あるいは実装されても自立に至っていない技術である点です**。多くの技術が政策補助を必要とする段階で、どの技術が電源ミックスの中でどの程度実装されるかは、政策補助の強度に影響され、これが電源投資の判断を難しくする可能性があります。それはすでに自立した技術でも同様です。政策補助を受ける発電技術に強力な補助政策が講じられることで、自らの市場が縮小する可能性を考える必要があるからです。

第三に、**電力システムが今以上に固定費比率の大きなコスト構造になる点です**。再エネの限界費用はゼロであり、原子力も限界費用が小さい技術です。2021年、IEA は世界全体で2050年カーボンニュートラルを実現するための、包括的なロードマップを公表しました（IEA、2021）。

次ページの図表10は、その中の電力供給コストの推移を示したものですが、発電・資本費、発電・運転維持費といった固定費の比率が急増することがわかります。2050年の構成比では、燃料費と炭素価格、すなわち kWh に比例する可変費の総コストに占める割合は５％まで縮小します。送電線開放モデルの下で kWh 市場が短期限界費用で価格形成されるなら、固定費回収が期待できる価格水準にはなりそうもありません。

図表10 **IEAシナリオにおける電力供給コストの構成比の推移**

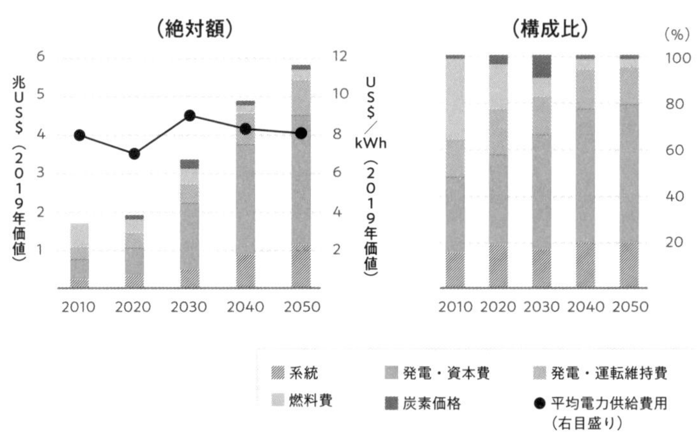

出所：IEA（2021）を加工

日本でも導入される容量市場は、電源投資回収の予見性を向上させることを目的にしています。しかし、現在の仕組みはkW価値の対価が1年ごとに決まり、電源の新設投資を誘発する価格シグナルとしては弱いと考えられることから、電源の新設投資に限定して、容量市場の価格を長期固定化する新たな制度が検討され始めたところです。

今後も送電線開放モデルを継続していく前提であれば、容量市場の価格長期固定化の取り組みは妥当でしょう。しかし、澤（2012）が指摘した、日本の電力システムに求められる3つの条件と照らし合わせるに、送電線開放モデルが理想とする競争的なkWh市場を追求しようとすれば、第二の条件（海外エネルギー市場における購買力）および第三の条件（燃料多様化）との両立[54]は困難です。

加えて、カーボンニュートラル目標が提示されたことに起因する電源投資環境の変化（悪化）を考えると、送電線開放モデルと第一の条件（安定供給に必要十分な供給力の確保）を両立させるのは今後さらに難しくなるでしょう。間に合わせの弥縫（びほう）策を積み重ねて送電線開放モデルを継続しても、矛盾が拡大していくだけに思えます。

こうした観点から見ても、2050年カーボンニュートラルの目標が掲げられたことを機に、電力システムのモデルを根本的に見直すべきときが来ているのです。

少し大胆な提案「小売りサービス多様化モデル」

では、電力システムのモデルはどのように見直すべきでしょうか。

ここでも澤（2012）は、先見性のあるメッセージを遺しています。送電線開放モデルの対案として、「**発電から送電・配電に至るシステム、あるいはこのシステムを通じて供給される電力、つまり卸電力の分野を共通インフラと位置付ける**」モデルです。澤はこれを、「**小売りサービス多様化モデル**」と呼びました。

10年ほど前の提案ですが、カーボンニュートラルに向かう電力システムの新たなモデルの有力候補と言えます。澤が展開した「日本の電気事業はむしろ大規模化を目指すべき」という指摘は、論考発表時より、現在の方がよりあてはまるように思われるからです。

このモデルでは、発電・卸売を送配電網と同様にすべての小売電気事業者ひいてはすべての需要家が支える共通インフラと位置づけます。そうすることで、日本のエネルギー安全保障に資する規模の経済を確保します。将来に向けて必要な供給力は公的機関（系統運用者等）が量を一元的に定め、一元的に電源入札などを用いて調達します[55]。

将来の電力需要の動向が不透明なため、調達量が結果的に過大になる可能性もありますが、そのリスクは発電会社に及ばないようにします。代わりにリスクはすべての小売電気事業者ひいてはすべての需要家が分担することになります。そうでなければ今後、民間資本が発電設備に投資するのは困難と考えられるからです。

一元的に調達した供給力は一元的に需給運用されます。これは日本の需給運用システムを現在のバランシンググループ（BG）方式から、全面プール方式に変更することを意味しますが、自然変動性の再エネ電源が増加していくことを踏まえると、BG方式は早晩限界が顕在化すると想定されます。その意味でもこの変更は合理的です（詳細は戸田ほか、

2020)。卸電力市場は送電線開放モデルと同様に、その時々の需給状況を反映して時間帯ごとの価格をつけますが、この価格はもっぱら需要家に行動変容を促すシグナルとして機能します。

電力小売り競争の性格も大きく変わります。このモデルの下では、すべての小売電気事業者が同一の条件で卸電力を調達することになるので、**小売り分野の競争は価格競争ではなく、サービスの差別化を競うものになります**。澤がこのモデルを小売りサービス多様化モデルと呼んだ理由はここにあります。例えば、変動する価格をリスクヘッジするノウハウを競う、電気を活用した顧客体験（UX）の提供を競うといったことが考えられるでしょう。

澤は、福島第一原子力発電所事故の後に国の管理下に置かれた東京電力の将来像として、このモデルを適用し、東日本の３電力会社の発電・送電・配電部門を統合した「東日本卸電力」を提案しています。

図表11はそれを図式化したものです。この図だけ見ると、第二次世界大戦中の日本発送電の時代に時計の針を戻そうとしているように感じら

図表11 **東日本卸電力の構想**

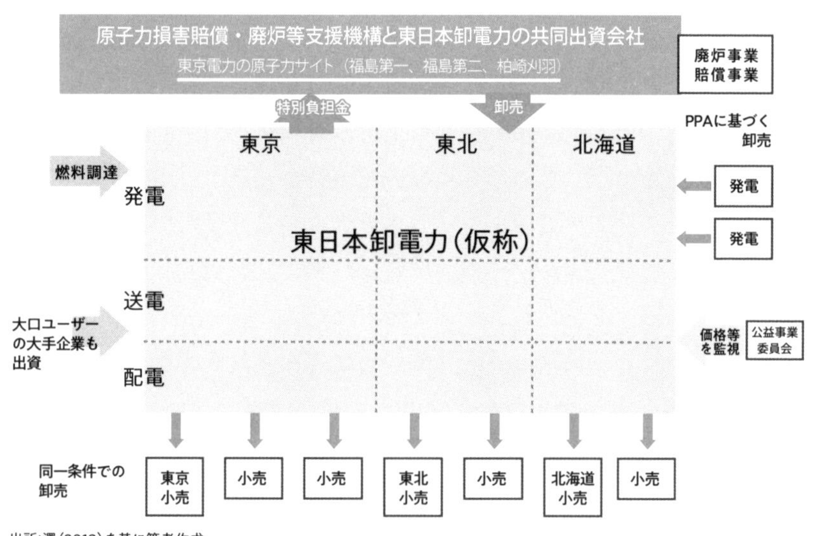

出所：澤（2012）を基に筆者作成

れる向きがあるかもしれませんが、これはあくまでモデル適用の一例です。モデル自体は電気事業者の大合併を求めるものではありません。系統運用者が卸電力を調達するシングルバイヤーとなり、かつエネルギーセキュリティに資する規模の経済性を確保するよう燃料調達に関与する制度を整備すればよいのです。

実は、**小売りサービス多様化モデルの実装例ともいえる仕組み「グローバル・アジャストメント（Global Ajustment: GA）」がカナダのオンタリオ州で導入されています**。

カナダ・オンタリオ州では100年近く同州の電気事業を担ってきた、州営電気事業者オンタリオ・ハイドロが1999年分割され、2005年に後述するGAが導入されました。

これは、次のコストを確実に回収するための仕組みです。

①Ontario Power Generation（OPG）社が管理する旧オンタリオ・ハイドロ所有の原子力発電所、水力発電所の費用（規制対象）

②Ontario Electricity Financial Corporation（OEFC）社が管理する旧オンタリオ・ハイドロが独立系発電事業者（IPP）と締結していた買電契約の費用

③系統運用者であるIndependent Electricity System Operator（IESO）が新たに契約した電源との買電契約の費用

④固定買取価格制度（FIT）による再エネからの買電費用（FITは2009年導入）

⑤省エネ・デマンドレスポンスのプログラムの費用

GAは、これらの費用の合計と卸電力取引所の約定総額と比較して、前者が大きければ、差額を電気料金へのサーチャージの形で追加徴収し、後者が大きければ、差額を需要家に還元します。この差額の算定は毎月行われます[56]。

次ページの図表12は、2005年から2018年までのGAの額、卸電力市場価格（kWh価格、Hourly Ontario Energy Price〈HOEP〉の月平均）、両者の合計（需要家負担、上記①〜⑤の合計）の推移になります。

図表12 グローバル・アジャストメントの額と卸電力市場価格（kWh価格）の推移（年平均）

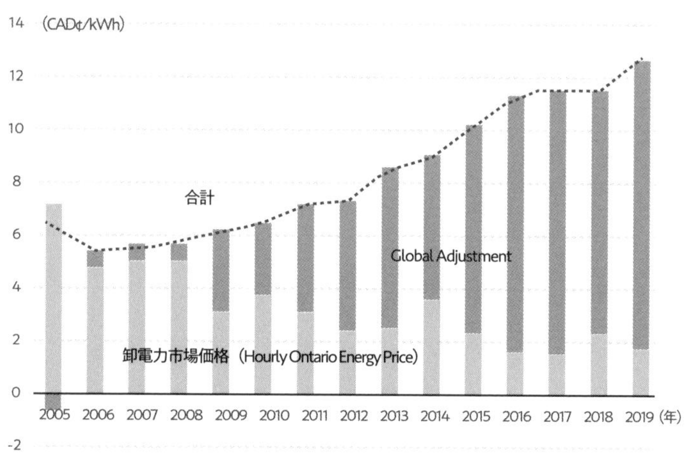

出所：Independent Electricity System Operator（IESO）のデータを基に筆者作成

このグラフから、次のことが読み取れます。

・GA導入直後の2005年には、上記①〜⑤の費用より、卸電力市場価格の方が高く、需要家への還元がなされていた

・その後、卸電力市場価格が大きく低下し、上記①〜⑤の費用が上昇したことから、GAは追加徴収側に転じている

卸電力市場価格が低下した理由は、電源構成の変化にあります。2005年のオンタリオ州の電源構成は、原子力５割、水力２割、火力３割でした。その後同州では石炭火力が2014年に全廃され、非化石電源の比率が90％を超えました。直近（2020年）の実績では、火力発電（ガス火力）の比率は７％で、残りは非化石電源です。内訳は、原子力60％、水力25％、風力８％、太陽光0.5％、バイオマス0.3％です。バイオマス以外は限界費用がゼロまたは非常に小さい電源ですから、卸電力市場価格は当然低迷します。

実際に卸電力市場価格は、2005年は平均約７カナダセント/kWh であったのに対して、2019年には1.8カナダセント/kWh まで下落しています。同年の GA によるサーチャージは10.8カナダセント/kWh ですから、電気料金で回収したいコストのうち、卸電力市場価格で回収できるのは２割以下であり、残りは GA による調整額として需要家から追加徴収している状況にあります。

オンタリオ州の仕組みでは、旧オンタリオ・ハイドロ分割前から存在した電源や IPP との買電契約、分割後に IESO が締結した新たな買電契約など、基本的にほとんどの電源は費用回収が担保されます。最近、新たに必要となる電源の調達について容量市場を導入し、競争が働く仕組みに変更しましたが、容量市場での落札後は費用回収が担保されます。

発電部門における競争促進の観点から見れば物足りないとの批判は当然あるでしょう。実際、現地でも GA 導入以降、オンタリオ州の電気料金が上昇していることへの批判があります。電気料金上昇の原因としては、石炭火力を廃止したことや FIT を導入したこともおそらく影響していますが、GA で費用回収をしている省エネ・デマンドレスポンスプログラムや FIT の費用対効果が明らかでない、IESO が調達した電源の量が過大である、GA の運用が総じて不透明である、といった批判がなされているのも事実です。

小売りサービス多様化モデルは、**発電・卸売の分野を「協調領域」に位置づけし直すもの**と言えます。対して、送電線開放モデルはそれを「競争領域」としており、「競争的な kWh 市場の需給調整能力によって必要な供給力が確保される」という考え方に立ちます。こちらを支持する向きには、小売りサービス多様化モデルは競争を後退させるものに映るでしょう。その側面は否定しません。

ただし筆者らは、「競争的な kWh 市場」と「カーボンニュートラル達成に必要な供給力確保」の両立が困難と思えることから、あえてこの提案を支持するのです。

Chapter

ゼロカーボン社会への
マスト条件

ゼロカーボン社会実現に向けては、「需要の電化」と「発電の脱炭素化」を車の両輪として進んでいくことになりますが、電化を進めるためにも、安価で潤沢な脱炭素電源の確保が喫緊の課題です。まさにゼロカーボン社会実現の１丁目１番地です。

本章では、脱炭素電源の中で今後、一定の比率を占めると期待される「太陽光」「洋上風力」「原子力」の３つの電源に絞って、その産業化や市場整備において必要なことを考えていきます。

1. なぜ、安価で潤沢な国内の脱炭素電源確保が重要なのか

安価で潤沢な脱炭素電源は主として、再生可能エネルギーと原子力、そしてゼロエミッション火力のことと言われます。ゼロエミッション火力は、例えば国内の火力発電でCCS（二酸化炭素の回収・貯留）を併設することでも実現可能ですが、日本ではCCSを実施できる地点が多くないと現時点では考えられ、結果として第１章で述べた通り、海外から輸入してくるアンモニア等水素エネルギーを活用した水素火力発電に依存する可能性が高くなるでしょう。

そうなれば、輸入するものが化石燃料から脱炭素燃料に変わるだけですので、エネルギー自給率の点で、日本は相変わらず脆弱な状況が続きます。原子力発電の利用が進まず、また、日本の再エネコストが高止まりして、**ゼロエミッション火力に依存したゼロカーボン社会は、エネルギー供給は安全保障の観点からは、非常に脆弱**であると言わざるを得ません。

さらに、日本はデジタルとグリーンを経済成長の柱としています。欧州や米国も、コロナ禍で傷ついた経済を立て直す上で、デジタルとグリーンを柱にするという戦略を採っており、今後、グリーン産業をめぐる各国間の競争は激しさを増していくことでしょう。日本もしっかりと、ゼロカーボン社会実現に資する技術を産業化していくことが経済成長の

カギとなります。

実は日本は、太陽光発電も先行的に技術開発を進めてきましたし、原子力も導入当初は米国からの輸入技術でしたが、徐々に国産化率を高め、福島原発事故の前には同99%を達成するなど、産業化できていたのですが、この10年強の間に、あっという間に脆弱化してしまいました。再産業化できるか否かが、2050年に「食っていける日本」を遺せるかどうかの分かれ目になります。

国内の脱炭素電源である再エネと原子力によって、どれだけの脱炭素電気を確保できるか、また、その産業化がどれだけできるかが、日本の将来にとって大変重要なのです。

これまでも日本は再エネには手厚い補助政策を行ってきました。繰り返しになりますが、再エネの価格破壊が進めば、自律的に電化が進展する正のスパイラルが回り始めるでしょう。しかし、その最初の一歩と言うべき再エネの価格低減が日本では十分進まず、補助政策から卒業できなくなっています。

これまで、再エネに期待する方ほど、「海外でもコストが下がったから下がるはず」「量産効果で下がるはず」という雑な考えでこの問題に対する議論を終えてしまっています。

加えて、そうした雑な議論の下で設計されたFIT（再生可能エネルギーの固定価格買取制度）はいま、再エネ普及に大きな障害を残しています。そもそもFIT導入の本来の目的は、再エネが自律的に拡大していくことへの道筋をつけることにありました。学習効果によって、より効率的な生産方法が可能になり、再エネのコスト低減につながることが期待されていたのです。

FIT制度の支援を受けて、日本の太陽光発電の導入量は中国、米国に次いで世界第３位。国土面積あたり、平地面積あたりで言えばダントツの世界第１位です。それなのになぜ、コストは高止まりしているのでしょうか。

IRENA（2021）による、日本の太陽光発電のコスト構造を見ると、他国より設置工事費がかなり高額であることがわかります（図表1）。こうした要因分析の解像度をさらに上げて、1つずつそれらを解決していくことが必要です。

図表1 **メガソーラー建設コストの国際比較（2020年）**

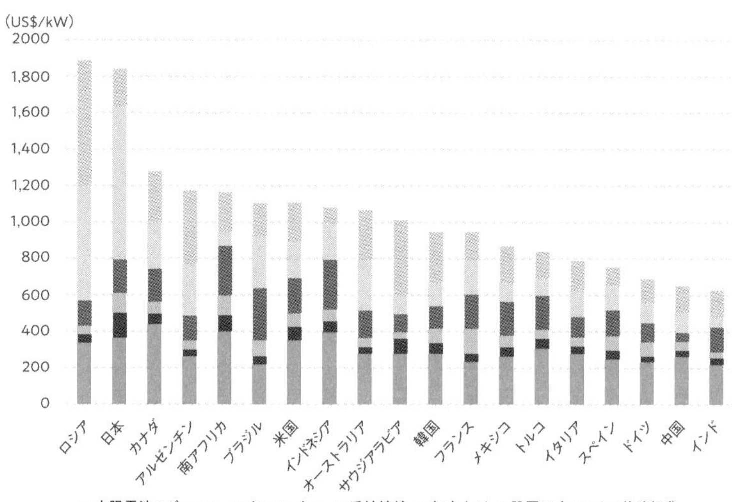

出典:IRENA（2021）を基に作成

FITの導入当初に高すぎた買取価格は是正が進められ、今は入札制度も導入されています。そのことは国民負担の抑制のためには必要なことですが、以前に比べて再エネ事業の内部収益率（IRR）が劇的に下がったように見えるので、融資がつきづらい状況も生み出してしまいました。いまはESG投資がブームではありますが、10年前の案件となぜこれほどにIRRが違うのか、と言われると融資の決裁が下りづらいという金融業界の実態もあるようです。

加えて、再エネ導入のボトルネックとして指摘されるのが、送電線への接続問題です。これを解決するために、「日本版コネクト＆マネージ」という手法によって既存の系統を最大限活用し、発電だけでなく送電を含めた全体コストの抑制を図ろうとしています。

そもそも、「コネクト＆マネージ」とは、電源差し替えの場合に、送電設備の増強をせずにやりくりするという考え方であり、これは再エネ導入に限ったものではありません。

日本は、既存の大規模電源を再エネに置き換えるべく導入を促進していますが、再エネが導入されるのは主として送電設備の脆弱な地方です。しかし、多額の費用と長い時間を要する送電設備の増強を待っていては進まないので、「コネクト＆マネージ」、すなわち「再エネをできる限り既存の送電線につないでしまって、あとはなんとかやりくりしましょう」という考え方でいこうというわけです。

やりくりといっても、送電線に流せる電気の量を電線の容量以上に大きくできるわけはないので、発電量が多くなりすぎたときにはいずれかの発電所に発電を停止させる（出力抑制）ことが前提です。それが「ノンファーム（Non-Firm）型接続」で、これは「その発電所が発電する電気をすべて引き取る確約はできないものの、それを了承の上であれば、送電線への接続をしますよ」という考え方です。

確かに、大規模な系統増強のためのコストが回避でき、再エネの迅速な事業化に役立つので喫緊の対処として拡大していくべきものですが、電力系統に統合するためのコストは再エネ導入コストの一部に過ぎず、発電コストと系統コストを含めた全体コストを低減しなければ、経済性の高いCO_2削減には至りません。コネクト＆マネージは、再エネ普及に向けた「魔法の杖」ではないのです。というよりもむしろ、**再エネ普及に向けた魔法の杖のような存在は一切なく、地道に低コスト化、産業化を進める**以外に道はありません。

2. 太陽光発電の産業化に向けて

2050年のゼロカーボン社会の実現、その手前の2030年の$CO_2$46％削減の達成に向け、大きなカギを握るのが再エネで、とりわけ太陽光発電が重要となってきます。脱炭素電源の中でも原子力発電は引き続き稼働リスクが残り、将来の主力電源化が期待される洋上風力発電は開発に時間がかかり、ほとんどの案件で運転開始は2030年以降となるからです。

2020年代に一定規模を着実に増やせる脱炭素電源は太陽光のみなのです。ただし、やみくもに太陽光発電を増やせばよいというものでもありません。

世界でも有数の太陽光発電国となった日本ですが、2020年代に太陽光発電産業が答えを出さなければならない宿題が3つあります。「地域社会の信頼回復」「コスト競争力強化に向けた産業化」そして「既設電源の社会ストック化」です。以下、順に考えていきましょう。

太陽光発電の産業化への課題1　地域社会の信頼回復

2010年代は、残念ながら地域社会との十分なコミュニケーションがなく、"よそ者"の事業者の都合で一方的に開発がすすめられた太陽光発電が多く登場しました。粗悪な発電所建設を十分に排除できず、結果、景観を悪化させるだけでなく、土砂崩れなどの災害を引き起こす懸念もでています。環境にやさしい電源と考えられてきた太陽光発電が、環境を破壊する電源としてみなされるようになってしまいました。再エネ開発を規制する条例を導入する自治体も急速に増加しています。

2030年の再エネ導入目標の達成に向けて、耕作放棄地などの"未利用地"を太陽光発電に使えるようにしよう、との意見があります。筆者らも日本の脱炭素化を図るためには未利用地の積極利用は必須だと考えます。しかし、現状の問題を放置して、太陽光発電開発を無理に進めようとすると、ますます地域社会と太陽光発電の間に距離が出てしまうでしょう。地域社会が太陽光発電を受け止められる体制を整えることを急ぐべきです。

2021年5月に温対法の改正が成立し、自治体がこれまでよりも太陽光発電所の設置に能動的かつ深く関与できるようになりました。温対法が用意した仕組みを各自治体が使いこなせるようになるまでは、住宅や店舗、工場の屋根に設置する、いわゆる"自家消費型太陽光発電"に太陽光発電普及の軸足を置くべきでしょう。

筆者らの試算では、2020年代の自家消費型太陽光発電ポテンシャルは60GW（ギガワット）あり、2030年度の導入目標達成に向けて、相応のポテンシャルを持っています。

特に、脱炭素経営に舵を切った大企業は、積極的に自家消費型の太陽光発電の導入を進めています。中小企業の中にも大企業に引けを取らない脱炭素経営を推進する企業がありますが、多くの中小企業は、そこまで手が回らないというのが現状でしょう。太陽光発電の日照量や住宅やビルの屋根の形状は、地域によって異なります。各地の実情を踏まえた、中小企業に対する太陽光発電導入の支援策が期待されます。

太陽光発電の産業化への課題２　コスト競争力強化に向けた産業化

日本の太陽光発電は、海外に比べてコスト高である理由を分析してみましょう。なぜ、高いのでしょうか。

以下に日本の太陽光発電システム費用の推移を示します（図表２）。

図表2 **太陽光発電システム費用の推移**

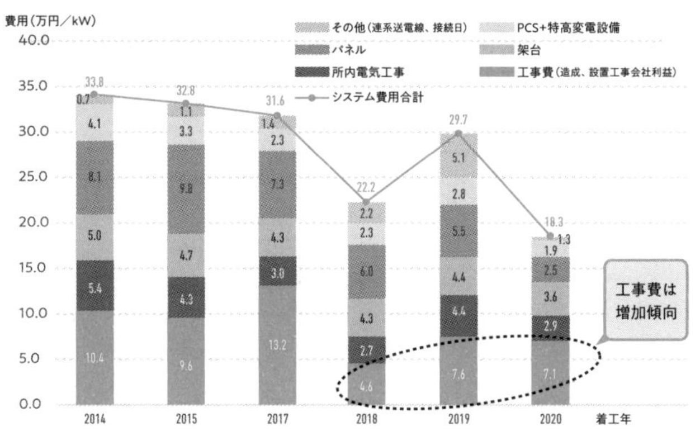

出所:パシフィコ・エナジー社資料を加工

太陽光パネルやパワーコンディショナー（太陽光発電で生み出される直流電気を、一般的な電化製品で使用可能な交流に変換する機能を持つ機器。一般的にパワコンと略される）などの機器代は、2014年から2020年にかけて３分の１程度までコスト削減が進みました。これら機器は、海外製品を調達するため、もはや内外価格差はほぼ解消していると言ってよいでしょう。中国製品に関税をかける米国と比べると、日本の方が安く調達できるといった指摘もあるくらいです。

一方、架台や工事費は、３分の２程度にしかコストの抑制ができていません。太陽光発電システムの設置にかかる架台と工事員は、日本市場の中でコストを作り込むしかありません。この工事費を下げるためには、工事を担う事業者の習熟度を上げていく必要があります。

しかし、現状は、工事会社の習熟度をあげるどころか、太陽光発電の先行きが不透明で、太陽光発電向けの工事業を続けていくことすらままならない、というのが実態です。

FIT 制度が導入された当初（2012〜2014年度）は、毎年10GW を超える新規の事業用太陽光発電設備が認定を受けていました。しかし、当初高額すぎた買取価格を低下させたことに加えて、適地の減少、入札制度の導入、未稼働案件の認定取り消し等を背景に、2015年度以降は新規認定が大幅に減少し、2020年度は1.5GW の募集容量に対して0.5GW にも満たない落札容量になりました。

市場規模が一気に10分の１以下になってしまったわけです。ここまで仕事の量が減ってしまっては、工事会社も現行体制を維持することができません。工事会社の習熟度を上げていくには、安定的な工事量の見通しが付くような市場環境が重要です。逆に言うと、再び太陽光発電バブルを招いて、バブルを崩壊させる、いわゆる「バブル・アンド・バースト」は二度と起こしてはいけません。短期的にも中長期的にも、工事量を安定化・平準化できる仕組みや仕掛けが必要です。

また、自家消費型の太陽光発電を設置するためには、店舗や工場の受変電設備（一定規模以上の需要家は、高圧で電気を引き込み、低圧に変換して使用する）に組み込まれた配電盤や分電盤の工事が必要になります。これまで太陽光発電を手掛けてきた工事会社の中には、こうした盤の工事（高圧内線工事）に慣れていない工事会社も多く存在します。工事会社に対して自家消費型の太陽光発電の施工力を強化するための研修制度や標準化なども有用だと考えます。

太陽光発電が設置できる場所を拡大するための架台や工法の開発も必要です。例えば、日本の屋根には、陸屋根と呼ばれる平らで、防水施工されたものがあります。このタイプの屋根には、架台を設置するためのアンカーを打ち込むことができません（アンカーを打ち込むとそこから雨漏りなどが発生するため）。そのため、アンカーを用いない新たな架台や工法が必要となってきます。コスト削減に加えて、太陽光発電の敷設可能な面積を増やすためにも、架台や工法の開発に対する支援策が期待されます。

また、建物の屋根だけでなく、全国で17万カ所ある駐車場を活用したソーラーカーポートに期待が寄せられています。筆者らの試算では、13～17GWのポテンシャルがあるようです。これは、2020年度までに住宅に導入された太陽光発電を上回る規模です。建築基準法上の規制緩和などの後押しもあり、今後確実にこのポテンシャルを引き出すためのポイントは、太陽光パネルを搭載する架台と、それを設置する工法の確立にあります。

これまで政府の援助は、個々の案件に対する補助金や次世代太陽電池などの技術開発に対する支援が主でした。今後は、それらに加えて、**架台や工事、保守といった領域によりスポットライト**を当てていくべきでしょう。

太陽光発電の産業化への課題３　既設電源の社会ストック化

FIT制度により再エネの電源開発が進みました。補助制度が満期を迎えた後も、これら電源が優良な社会ストックとして使われ続けることが重要です。作った電源を使い続けることにも目を向けてみましょう。以下では、2010年代に導入が進んだ、住宅の屋根に設置された太陽光発電と、地上に設置された太陽光発電の２つについて考えます。

FIT制度により、住宅の屋根に設置された太陽光発電が発電した電気は、導入後10年間、電力会社があらかじめ定められた単価で購入します。言い方を変えると、10年経つと、補助制度の満期が訪れ、高額での買取保証がなくなります。買取保証がなくなったとはいえ、太陽光発電設備はきちんとメンテナンスすれば、発電効率の低下やボルトの緩みなどによる事故を防いで、20年以上発電することが可能です。しかし、住宅の持ち主が変わっても太陽光発電が使われ続けるには、補助制度がなくなった後も、住宅の資産価値を高める設備として太陽光発電が「評価」されることが必要です。

太陽光発電を導入した中古住宅が、価値ある資産として評価されて初めて太陽光発電が優良な社会ストックとして活用されうるのです。しかし、中古住宅に搭載された太陽光発電は、いったいいくらで査定すればよいのでしょうか。電気代削減メリットや太陽光発電の残寿命は、今後必要となるメンテナンス費用がわからなければ試算できません。

試算できなければ価値のないものと認識され、FIT制度による電気の買取期間終了後には、太陽光パネルを処分してから中古住宅市場に登場するケースが発生しかねません。こうした事態を回避するため、住宅に搭載された太陽光発電設備の価値を査定するための仕組みが必要になります。これは、太陽光発電産業が単独で用意できるものではなく、中古住宅市場の活性化という、より大きな課題を抱えた不動産業界と連携すべきものと考えます。

また、次なる問題として、太陽光発電を搭載した空き家住宅が増加する可能性があります。中古住宅の流通問題も空き家問題も、太陽光発電搭載住宅に限った話ではなく、不動産業界が抱える課題ですが、太陽光発電という大きな電気設備が野ざらしになっていまうことでもあるので、災害が発生する前に、太陽光発電産業全体で早急に取り組む必要があるでしょう。

もう1つの課題は地上に設置された太陽光発電です。こちらは、FITによる補助制度の期間が20年間であるため、住宅の屋根に設置された太陽光発電に比べて、若干の時間的猶予があります。ただ、導入された太陽光発電の規模は、住宅の屋根に設置された太陽光発電の4倍近くあるため、その影響はずっと大きくなります。地上設置の太陽光発電の場合、補助制度の期間が終わると、高額の買取保証がなくなるだけでなく、「インバランス特例」の適用が外れます。

太陽光発電で発電した電気を電力会社の送電網を使って売買する場合、あらかじめ発電量の計画値を送配電会社に提示し、実際の発電量と誤差が生じた場合、インバランス制度という仕組みを用いてその差分を埋め合わせます。「同時同量」が鉄則の電力供給には、どうしても必要な制度ですが、この差分の埋め合わせには、相応のコストが発生します。FIT の買取期間である20年間は、このコストが実質的に免除されています。これが「インバランス特例」です。

2032年10月から、FIT 期間が終わる地上設置の太陽光発電がどんどん増えていきます。それまでの間に、発電事業者は、太陽光発電のインバランス（計画値と実績値の乖離）をマネジメントできるようにならなければいけません。

これは、事業者の能力育成だけでなく、電力卸市場の流動性を高めたり、取引できる商品を新たに用意したりする等、事業者がインバランスをマネジメントするための環境整備も必須となります。蓄電池などの分散型リソースの活用もこの文脈で求められます。

FIT 制度により、太陽光発電の導入量は増えましたが、産業化には失敗したと言わざるを得ません。やみくもに太陽光発電の普及拡大を掲げるのではなく、地道に地域社会や消費者と向き合い、コスト競争力を磨きこまねばなりません。太陽光発電産業の成熟が急がれます。

3. 洋上風力発電の勝機を見出す

太陽光発電と比べると、風力発電、とりわけ洋上風力発電は大規模集中電源であるといえ、開発に８年程度を要するとされます。そのため、2020年代に風力発電が急速に増加することは期待しづらく、特に洋上風力発電については、2020年代には導入量の拡大は期待できないので、コストの低減や産業化に向けた戦略的取り組みに注力すべきでしょう。

政府は洋上風力発電の拡大に高い期待を寄せ、「洋上風力の産業競争力強化に向けた官民協議会（以下、官民協議会）」を設置したほか、経済産業省に「風力政策室」を新たに設置して取り組んでいます。

政府がここまで洋上風力に高い期待を寄せる理由としては、欧州で風車の大型化に伴い、急速にコストが低下したことを受け、日本でも導入量の拡大や産業化が成功すればコスト競争力のある低炭素電源になると考えているからでしょう。

確かに、国土面積の制約が強い日本において再エネを大量に導入するには、周辺海域の活用は有効な解決策だと考えられますし、日本がもともと強みを持っていた造船技術などを活かしながら、アジア等の市場の拡大も視野に、浮体式洋上風力を実証段階の技術から商用技術へと高めていくことができれば、日本の新たな産業創出として期待されます。

官民協議会が掲げた「洋上風力産業ビジョン」によれば、

・2030年までに1000万 kW、2040年までに3000万～4500万 kW の案件形成

・着床式発電コストを2030年から2035年までに８～９円/kWh

という目標が示されています。ただし日本においては遠浅の海域が少なく着床式発電が可能なエリアは広くありません。拡大が期待される浮体式発電については技術開発の余地が大きく、コスト目標は示されていません。

産業界の自主的組織である産業競争力懇談会（COCN）も革新的洋上風力発電に向けた報告書を公表しており、そこでは2030年に９円/kWh、2050年には５円/kWh にするという目標が示されています。しかしこれは、野心的な目標を共有することでイノベーションを促進しようという目的の下で設定されたコスト目標であり、ビジョンと言った方が良いかもしれません。

洋上風力の産業化への課題1　圧倒的に不利な地理的要件をどうするか

ここまでで挙げた目標をクリアするには、様々なハードルがあります。欧州で洋上風力のコストが急速に低下したのは、それに適する条件があったからです。

すなわち、常に一定方向に吹く偏西風に恵まれているため設備稼働率が高く、遠浅の海底地形は設備の設置・メンテナンスコストを低減しやすいものでした。また、漁場としては豊かではないので漁業補償も事業の大きな負担にはならなかったとされます。日本は風況、海底地形、漁場としての豊かさのいずれも欧州とは異なります。

風況の違いについて、本部・立花による論考[57]は、欧州・台湾・日本それぞれにおける風力発電適地の風況データを比較した結果、わが国で適地とされる北海道・東北の日本海側の洋上風力でも欧州の北海海域と比較すると、「日本の年間設備利用率は35.4%であるのに対し、欧州は54.6%に達しており、同一の発電機から日本の5割増の電気が生み出されることが分かる」と指摘しています（図表3）。

図表3 欧州7地点・日本4地点・台湾5地点の月間平均設備利用率

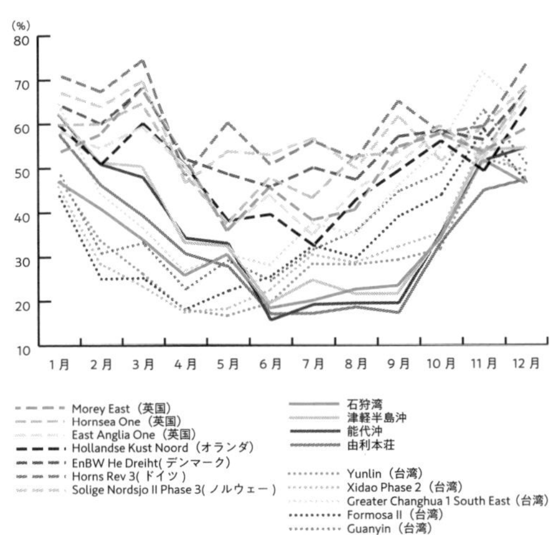

出所:本部・立花（2021）を基に筆者作成

また、IEAのOffshore Wind Outlook 2019を参照すると（次の図表

4)、日本周辺は深さ10～60m程度の浅い海域がかなり狭いことがわかります。

図表4 地域ごとの洋上風力発電技術ポテンシャル

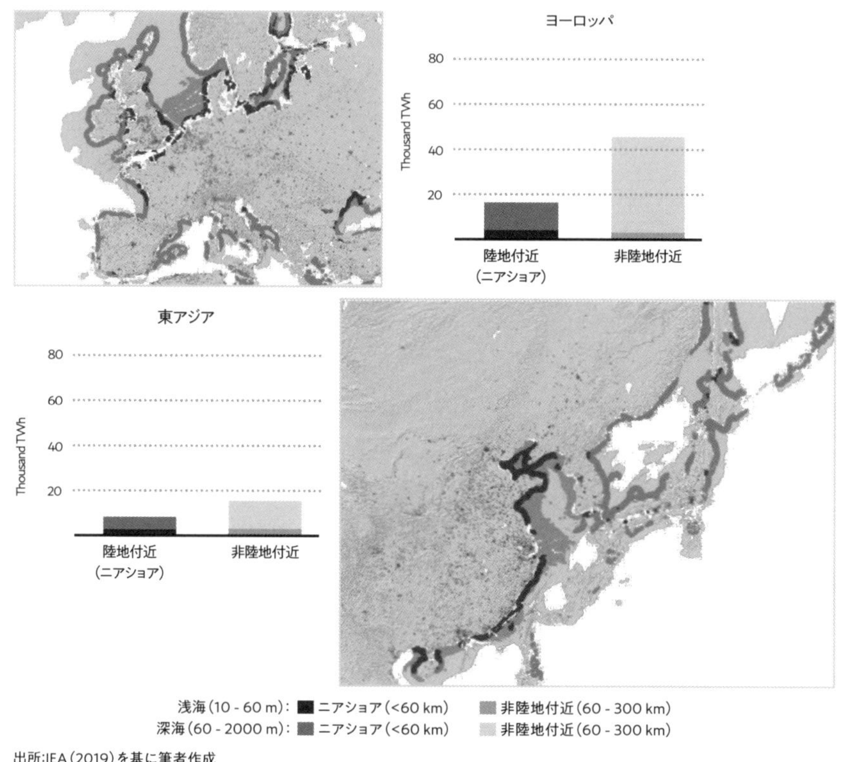

出所：IEA（2019）を基に筆者作成

具体的な導入量とコストの目標を持ち、圧倒的に不利な自然条件を乗り越える戦略を考えねばなりません。

政府は今後、①導入目標の明示、②促進区域の指定など、政府主導での案件形成の加速化、③系統や港湾など、インフラの計画的整備、④サプライヤーの競争力強化、⑤事業環境整備（規制・規格の総点検）、⑥人材育成プログラムの作成、⑦次世代技術開発、⑧国際標準化・政府間対話等、数々の施策を検討するとしています。

洋上風力の産業化への課題２　製造業の発想を乗り越えよ

欧州の洋上風力のコスト低減にはブレードの大型化が相当程度貢献しました。日本でも大型化を進める場合には、輸送費なども考慮し、ブレード等も含めて国内生産を増やしていった方がコスト低減には有利でしょう。そうなると、風車やタワー、基礎の製造に関わるセットメーカーが日本に製造拠点を持つことが必要ですし、それに伴って、部品・装置メーカーが育つことにもなるでしょう。

日本に製造拠点を持ってもらうには、導入目標の明示等によって、市場の発展性を示した上で、官民一体となって、海外のセットメーカーを誘致することも必要かもしれません。

加えて筆者らが特に重要だと考えるのは、**O&M（オペレーション&マネジメント）の産業化と低コスト化です**。政府の「産業化」の議論は製造業主体となりがちです。モノづくり立国を標榜してきた日本では、長年製造業が主体でしたから、その延長線上の発想としては理解できます。洋上風力は部品点数が多くすそ野の広い産業であること、また、SEP船（洋上風力発電設備の設置作業を行う作業船）を含む多様な用途の船の建造や維持管理が必要になりますので、造船業など日本が歴史的に強みを持っていた産業が再び活性化することも期待されます。

しかし、基本的には日本の市場がいくら拡大するにしても、この市場規模で十分なコスト競争力ある製造業を支えることは難しいでしょう。製造業は常にグローバル市場を目指し、そこで一定のシェアを確保することが必要です。第４章でも触れましたが、日本市場に最適化した延長線上にはグローバル市場での勝ち筋はないと言えるでしょう。

筆者らが注目するO&Mは、実は洋上風力発電のコストの約36%を占めます[58]。この比率自体は特に高いものではありませんが、洋上風力が大量に導入されれば、確実に国内に雇用を生みますし、韓国や台湾も洋上風力については高い導入目標を掲げていますので、アジア全体を市場として捉えることもできるでしょう。

先述の本部・立花の論考によれば、日本と台湾とでは、風況のよくない時期が少しずれています。日本近海では６～８月頃に、台湾では３～５月頃に風が弱くなります。洋上風力のメンテナンスは、風が弱くなり発電量が落ちるときに行うことを前提に、アジア市場でのメンテナンス事業での競争力を確保するという戦略も検討に値すると考えています。

4. 原子力発電は戦力として期待できるのか

原子力は有力な脱炭素電源ではありますが、東京電力福島第一原子力発電所（以下、福島第一）の事故を経験し、日本政府は原子力発電への依存度を極力低減するとしています。

これから減らしていくという政府方針が示された産業は、技術・人材を維持し、「戦力」となることが期待できるのでしょうか。カーボンニュートラルを宣言した諸外国では原子力をどのように考えているのかを整理してみたいと思います。

世界のトレンドは本当に“脱原発”なのか

日頃の報道を見ていると、「世界の潮流は“脱原発”」という論調に触れることが多くあります。世界は本当に脱原発なのでしょうか。

世界全体の原子力発電の発電電力量は、2011年の福島第一の事故を契機とした日本やドイツの原子力政策の転換で急減しましたが、2013年以降は再び増加に転じ、特にアジアでは急激な増加を見せています[59]。

発電電力量を増やすには、大きく２つの手段があり、１つは既存の発電所の稼働率向上や出力増強、運転期間延長、もう１つは新増設です。自由化された市場においては、原子力発電のような長期の回収を前提とした巨額な投資にチャレンジする事業者はいなくなります。長期の投資回収の保証や、バックエンド事業、原子力事故の負担限度を設定するという制度措置が講じられて初めて、自由化市場で民間事業者が原子力事業を担うことが可能になりますので、1990年代に電力自由化を行った国では原子力発電所の新増設は停滞しました。

例えば米国では、1991年以降、運転中基数は減少しましたが、計画外停止期間の削減など稼働率の向上に規制機関と事業者が連携して取り組み、原子力の発電量は特に減少していません。2019年の米国の原子力発電所の平均設備利用率は93.2％[60]を記録しています。

また、米国では原子力発電所の運転期間について、初回の申請で40年の認可が与えられ、以降、20年ごとに延長申請をして、安全性等に問題がないと判断されれば延長が認められます。ほとんどの発電所が60年運転の認可を受け、80年運転の認可済みは６基、認可待ちが９基（2021年８月３日時点。審査中７基、受理審査中２基[61]）あります。ただし、運転延長の許可を得た後に経済性等を理由に、閉鎖された炉もあります。

IEA「Nuclear power in a clean energy system」や科学雑誌「Nature」、反原発のポジションを維持してきた「憂慮する科学者同盟」が相次いで、最も安価な温暖化対策は既存の原子力発電所の運転延長であると発表しており、いったん建設した原子力発電所を「使い倒す」方針を採る動きは今後増えてくる可能性があるでしょう。

一方で新設が活発なのは中国やロシアです。自国内に建設するだけでなく、インドを含むアジアや中東など発展段階にある国に原子力発電所を積極的に輸出しています。2010年以降に送電を開始した原子力発電所は68基ですが、そのうち39基が中国に、11基がロシアに集中しています。そしてロシアでは、2019年に２基の浮体式原子力発電所が運転を開始し、電力供給だけでなく熱を活用した地域暖房も行われています。

なお、電力自由化した西側諸国では新設は停滞していましたが、米国は2013年に４基着工（うち２基は建設中止）、英国は2018年と2019年に１基ずつ着工しています。

日本で既存の原子力発電の活用は進むのか

既に目前に迫る2030年に、46％のCO_2削減目標を達成するには、既存の原子力発電の活用は必須ですが、そのためには様々な政治的・政策的対応が必要です。中でも、①規制活動の改善、②使用済み燃料処分に関する進展の２点を指摘したいと思います。

政府は、「原子力規制委員会の専門的な判断に委ね、原子力規制委員会により世界で最も厳しい水準の規制基準に適合すると認められた場合には、その判断を尊重し原子力発電所の再稼働を進める」（第６次エネルギー基本計画）としていますが、審査は遅々として進んでいません。

原子力発電所の停止が長期化・常態化している背景について、原子力規制委員会は本来であれば、原子力施設が稼働するのに必要な条件を満たしているかどうかを確認する（適合審査）のが任務であるはずが、必要十分条件まで示そうと「肩に力が入った状態」であると、澤（2012）に指摘されています。

同委員会は、規制基準を策定してそれに合致するかどうかを審査する役割を負い、事業者は自らの発電所の安全に一義的な責任を負う立場から、規制基準を満たすことに満足せず、さらなる安全性向上の努力を続けるのが、規制機関と事業者のあるべき役割分担です。その指摘からすでに７年が経過してもなお、状況はほとんど変わっていません。

図表5 **原子力稼働をめぐる責任分担の構図**

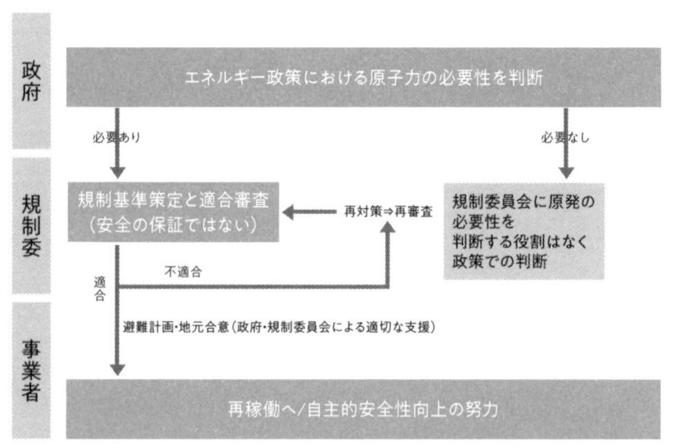

出所:澤（2012）

新規制基準に適合するまでは稼働停止とする、バックフィット制度[62]が採られ、停止が長期化・常態化しています。いくらシミュレーションや訓練を重ねても、運転員などそこに関わる人と技術は現場経験の裏付けを失っていきます。そうした弊害にもっと目を配るべきでした。

米国では、行政の基本として、新たな規制の導入によって得られる効果が、規制対応のコストを上回ると想定されない限りは、その規制は認めないという原則があり、そうした考え方に沿って、原子力規制の活動５原則の中に「効率性」の原則が組み込まれています。

日本の原子力規制委員会も米国に倣う形で活動５原則を定めたものの、規制の判断基準にはならない漠とした理念であり、効率性という言葉も入っていません。安全は何にも勝るものであり、「効率」という言葉がコスト優先で安全をないがしろにするイメージを与えることを恐れたのかもしれませんが、コストをかけ続け、設備増強の足し算を重ねれば安全性が高まるわけではありません。

原子炉等規制法は福島第一の事故後、運転期間の制限（40年制限、60年まで延長可）を含む改正を行いました。科学的根拠があるわけではないとして、原子力規制委員会の活動が本格的に開始したらその専門的議論に委ねるという付帯条項も付されていたのですが、規制委員会は「法律は法律」として、そうした議論に取り組むことはありませんでした。原子力安全規制をゼロから作り直すというのは大仕事ですし、メディアや世論から「本当に安全なのか」と突き上げられることに防衛的になるのは当然です。しかし、真に安全性を高める上でも**行政による規制活動の本質を見失わないことが必要でしょう。**

２点目の使用済み燃料の最終処分についてです。使用済み燃料の最終処分地が決まっていないことから、原子力発電事業は「トイレなきマンション」と批判されてきました。ただこの問題は技術的なものではなく、政治的なものです。処分の方法は、地層処分が妥当と国際的に結論づけられており、スウェーデンなど処分地の選定ができた国もあります。

使用済み燃料が地層処分するまでには、相当長期の時間がかかるという将来の事象であることがこれまで議論が進まなかった原因の１つでもありますが、決まっていないという状態が事業継続に不信感を与えるのも事実です。今、北海道で２つの自治体が地層処分場に適するかどうかの文献調査に名乗りを上げています。今後の原子力利用の方向性にかかわらず、これまで日本が原子力発電を利用してきたという事実に即して必要な議論であり、国策として原子力を推進した責任を果たす意味でもこの議論を進めていくことが必要です。

原子力のイノベーションは進むのか

これまで原子力発電は、立地地域の了承を得ることが極めて難しかったことから、大型化し、効率性を向上させてきました。しかし、大型原子力発電は初期にかかる莫大な資金の調達が難しく、特に自由化した市場では資本コストの課題が重くのしかかります。また、事故を起こしたときの被害が大きくなるリスクがあり、社会的に立地が許容されづらいものです。

電気事業全体で進む分散化も反映して、原子力発電においても小型化・モジュラー化の技術開発が進んでいます。いわゆるSMR（Small Modular Reactor＝小型モジュール炉）技術は、均一で高度な品質管理、工期の短縮化とコストダウンを可能にするとして注目されてきましたが、さらなるメリットとして、電力供給以外に水素や熱の供給や、再エネと調和した運転が可能であることが期待されています。

SMRなども含めて原子力発電技術は中露に席巻されたと言われますが、西側諸国でも巻き返しに向けて原子力イノベーションに力を入れています。イノベーションの担い手としてベンチャー企業も多く台頭しており、ビル・ゲイツ氏が出資するTerraPower社やNuScale Power社など複数のベンチャー企業が開発競争にしのぎを削っています。

英ロールス・ロイスは原子力潜水艦技術をベースとするSMR開発を目指した企業連合を設立しています。核融合についても、北米を中心にベンチャー企業が多く出現しており、「地上の太陽」の実現に向けた競争が活発化しています。

そこで、原子力イノベーションを生み出すために米国で行われている取り組みを少し紹介しましょう。

米国連邦政府の原子力支援策としては、1990年代後半に一部の州で進んだ電力自由化の下では原子力発電所の新規建設は起こらないため、許認可プロセスの合理化や2005年エネルギー政策法で、原子力発電所の新規建設に対し、政府による建設資金債務保証、建設遅延保証、発電税控除等の制度を整えました。しかし、天然ガス火力の価格下落や原子力の安全対策コストの上昇などが影響し、新設の停滞は続きました。

近年は、気候変動対策として既設原子炉を活用する動きが主力となり、オバマ大統領の「クリーン・パワー・プラン（CPP）」でも、再エネと原子力は同規模の排出削減効果があるとして、新規原子力発電所および既設発電所の出力増強は州ごとに設定する削減目標の達成手段として認められましたし、イリノイ州やニュージャージー州、ニューヨーク州などのように低炭素電源としての原子力発電所の付加価値を認めるゼロエミッション・クレジット（ZEC）制度を創設した州もあります。エネルギー政策における位置づけは変化しても、技術開発、事業環境に対する政策支援は変わらず採用されています。

加えて、民間主導の技術開発に対して、国立研究所やエネルギー省が、実験設備や場、データの提供や若手の人材育成など、積極的な支援をしています。

さらには、適正な規制活動が行われていることも見逃せません。技術開発の社会実装が見え始めたところで規制基準を議論し始めていては、基準が策定されるまで開発者は待たされることとなってしています。トランプ政権が定めた「原子力イノベーション・最新化法」では、原子力規制委員会（NRC）は先進炉の許認可の審査プロセスを2027年までに策定することを義務づけられるなど、規制側もお尻を叩かれています。

前項で述べた通り、米国では活動原則や判断基準が明確に示されており、規制機関と事業者、研究機関や軍など原子力技術に関わる人々の人材流動性も高いので、日本の規制者と被規制者のような「お上と下々」

を思わせる関係性ではありません。技術をいかに効率よく、安全に使うかに関係者全体で取り組む体制が採られています。

気候変動問題への意識の高まりもあり、原子力発電を積極的に導入しようとしている国は多くあります。技術開発や規制の見直しに各国が取り組んでいることに、日本はもう少し留意すべきでしょう。

原子力の技術利用に必要なのは政治の覚悟である

日本は原子力技術にどう向き合うべきでしょうか。

原子力は、その発祥が軍事技術の開発にありますので、もともと政府の強い関与を必要とする技術です。それが今、発電技術の１つとして市場原理に委ねられています。

原子力政策大綱のような政府方針が示されることもなくなり、原子力委員会の機能も縮小されました。SMR やロシアがすでに導入した洋上原子力発電など、技術的進歩が見られたとしても、それを使いこなすには**政治の覚悟がまず必要であり、日本の脱炭素化もこの覚悟に大きく左右されるでしょう。**

Chapter

地域社会と
エネルギー産業

経済性と環境性を両立しながらカーボンニュートラルを実現するためには、分散型リソースの積極活用を前提に、地域内で需給を上手にバランスさせながら広域的なネットワークインフラと最適に組み合わせることが重要となります。

本章では、分散型リソースの積極活用のカギを握る「地域社会」に焦点を当て、エネルギーインフラに注目した「地域社会」の捉え方を提示した上で、カーボンシティ実現の手引きとして、エネルギー産業における地域社会の役割を論じます。

1. 地域社会におけるエネルギー ——資源の"偏在"から"遍在"へ

これからのエネルギー産業を考えるにあたっては、地域社会が非常に重要です。ゼロカーボンシティ宣言をする自治体が次々と登場するこのご時世、「何をあたりまえのことを」と思われた読者もいることでしょう。しかし、これまでのエネルギー産業（Utility2.0）における地域社会の役割は限定的でした。エネルギー産業における"これから"の地域社会の位置づけを論じるにあたり、まずは、"これまで"の位置づけを確認しておきましょう。

Utility2.0の世界において、一次エネルギーの主役は化石燃料でした。化石燃料が中心のエネルギー産業は、中東諸国やオーストラリアなどから原油や天然ガスを輸入し、港湾に建設した製油所や発電所などの大規模プラントで作った石油製品や電力、都市ガスを配送していました。地域社会はこれらを受け取るだけ、一般的には「利用者」の立場であり、供給主体となることはほとんどありませんでした。もちろん、大規模電源が立地する自治体や、公営で電力・ガス事業を営む自治体もありますが、その数は限定的です。したがって、これまでのエネルギー産業における地域社会の役割は限定的だったと言えます。

一方、Utility3.0の世界では、風力や太陽光、バイオマスといった再エネの役割が大きくなります。これまで中東諸国などに“偏在”していたエネルギー源が、世界各国、日本各地に“遍在”するエネルギー源へとシフトします。地域社会は、海外から運ばれてきた化石燃料を利用するだけの立場から、再エネという地域資源のオーナーとなり、地域のエネルギー産業に主体的に関わる立場へと、その位置づけを大きく変えていくことになります。

政府の第五次環境基本計画の中では、「地域循環共生圏」というコンセプトで、各地域が自立・分散型の社会を形成し、地域資源等を補完し支え合う社会像が描かれています。このコンセプトは、第１章で提示した人口集積を前提としない社会インフラや、第３章で紹介した分散型ライフラインが実現する新たなライフスタイルへとつながります。都市生活のオルタナティブを模索する動きと連携し、それぞれの地域社会が個性ある産業・生活基盤を再構築していくことが期待されます。

また、分散化（Decentralization）の流れに加えて、脱炭素化（Decarbonization）の流れが地域社会の役割をさらに強調します。温対法では、「都道府県及び市町村は、その区域の自然的社会的条件に応じて、温室効果ガスの排出の抑制等のための総合的かつ計画的な施策を策定し、及び実施するように努めるものとする」と定めており、市民・消費者の生活に身近な存在として地方公共団体が果たす役割が規定されています。そして、環境省の呼びかけに応じ、2021年９月末時点で464自治体が、2050年CO_2実質排出量ゼロに取り組むという宣言、いわゆるゼロカーボンシティ宣言を表明しています。

このように、これからのエネルギー産業においては、地域社会が非常に重要な役割を果たすことが期待されているのです。

さて、ここまで何の定義もなく「地域社会」という言葉を用いてきましたが、エネルギー産業における地域社会の役割を論じるにあたり、この「地域社会」をどのように捉えればよいか、少し考えてみましょう。前述した「地域循環共生圏」では、「都市」と「農山漁村」という区分が用いられています。しかし、地域社会は、「都市」と「農山漁村」と二分化して語れるほど、シンプルではありません[63]。

400を超える自治体がゼロカーボンシティを宣言していますが、それを実現するために地域社会が担うべき役割は何でしょうか。地域社会を捉える新たな視点も提示しながら考えてみたいと思います。

2. エネルギーインフラから見た「地域社会」

千葉県四街道市。人口10万人ほどの、都内へも通勤可能な県庁所在地に隣接する市で、筆者の１人の生まれ故郷です。以前、四街道市を対象にエネルギー産業ビジョンの検討を試みたことがありますが、どこかしっくりきません。

もちろん基礎自治体として温対法に基づく地球温暖化防止実行計画は策定され、様々な取り組みが実施されてはいるのですが、四街道市単独で考えられることには限りがあると感じたからです。隣接する県庁所在地でもある千葉市と一緒に考えたり、東京圏として一都三県で考えたりする方が実態に近い気もします。

ただ、一都三県としてしまうと、今度はくくりが大きくなりすぎ、個々の地域の実情を反映したエネルギー産業ビジョンを描ける気もしません。将来のエネルギー産業を考えるにあたって、細かすぎず、くくりが大きすぎない、ほどよい「地域社会」を定義できないか。これが最初の問題意識です。

ある日、航空写真モードでGoogleマップを眺めていて、今さらながら、あることに気が付きました。日本の国土のほとんどは山であり、平野や盆地に市街地＝経済圏が広がっているということです。

実はこの市街地の広がり方は、一般都市ガス事業者の供給区域にとても似ています。改めてそれぞれの地図を眺めてみると、やはり平地や盆地に広がる経済圏と、都市ガス会社の供給区域はとても似通っているのです（図表1）。

それも道理で、そもそも都市ガス会社は、名前のとおり、都市にガス

図表1 一般都市ガス事業者の供給区域と航空写真モードで見た首都圏

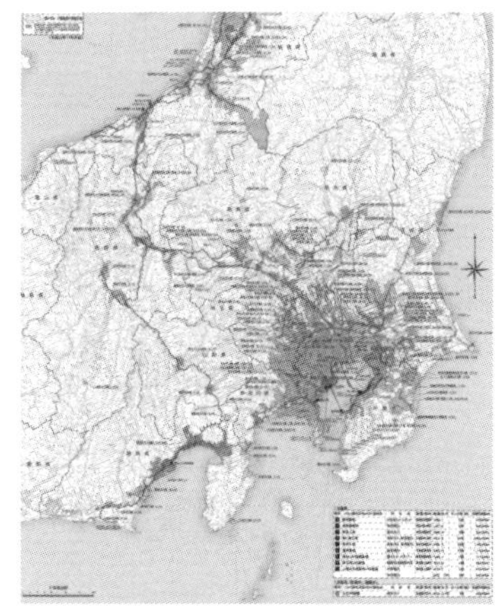

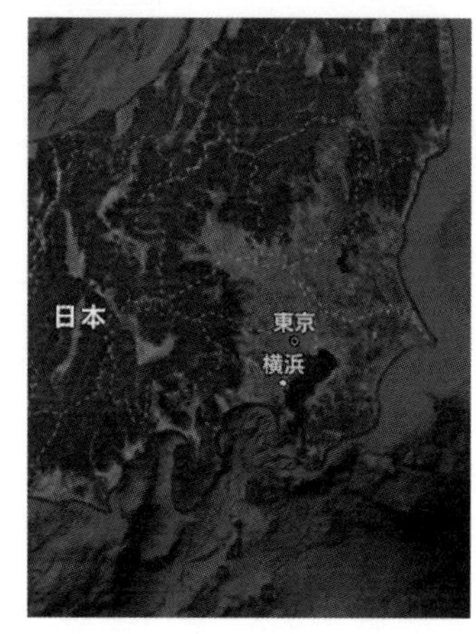

出所:資源エネルギー庁およびGoogleマップ

を供給する事業者です。山を越えた地域にもガスを供給するためには、トンネルのように山を掘ってパイプラインを通すなど、相当の無理をしなくてはなりません。結果として、日本の経済圏は山によって分断され、それぞれの地域で発展していきました。

そこで、都市ガス事業者の供給エリアと、私たちが感覚的に同じ経済圏と考えるエリアが重なり合うのではないかと仮説を立て、地域社会を捉え直してみました。例えば、東京ガスが一部でも都市ガスを供給している自治体を"東京ガス経済圏"とします。

次ページの図表2を見てください。この東京ガス経済圏は、100を超える自治体で構成される人口3700万人の大経済圏です。この経済圏にはさいたま市や千葉市も含まれます。さいたま市も千葉市もそれぞれ1つの経済圏とみなすこともできますが、首都圏と一体化した経済圏とみなす方が居住者にとってもより実感に近いのではないでしょうか。一方、同じ一都三県でも、大多喜ガスの供給区域(千葉県市原市や茂原市)や武州ガスの供給区域(埼玉県川越市や狭山市)は、少し別の経済圏を構成していると考えてもよさそうです。

図表2 東京ガス経済圏のイメージ

単位:千人、km²

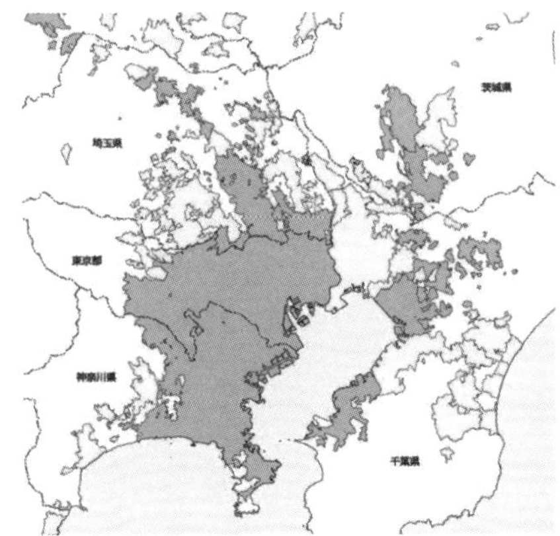

都道府県	市区町村	自治体数	人口	面積
東京都	世田谷区	1	903	58
	練馬区	1	722	48
	その他	44	12,880	1,173
千葉県	千葉市	1	972	272
	八千代市	1	193	51
	その他	17	2,224	1,889
埼玉県	さいたま市	1	1,264	217
	川口市	1	578	62
	その他	20	3,110	972
神奈川県	横浜市	1	3,725	437
	川崎市	1	1,475	143
	その他	20	8,283	1,517
茨城県	つくば市	1	227	284
	日立市	1	185	226
	その他	6	84	59
合計		117	36,825	7,408

注:上記は一都四県のみ。栃木県、群馬県、長野県は、地方都市経済圏として別途セグメント化している。経済圏という視点からは京葉瓦斯や習志野市企業局(ガス)も一体で見る方が実態に即している。

出所:資源エネルギー庁およびU3イノベーションズ

もう少し中規模の“都市ガス経済圏”も見てみましょう。中京地域に都市ガスを提供するサーラエナジー(旧・中部ガス)がパイプラインを延ばす市区町村からなる“中部ガス経済圏”です(図表3)。

図表3 中部ガス経済圏のイメージ

単位:千人、km²

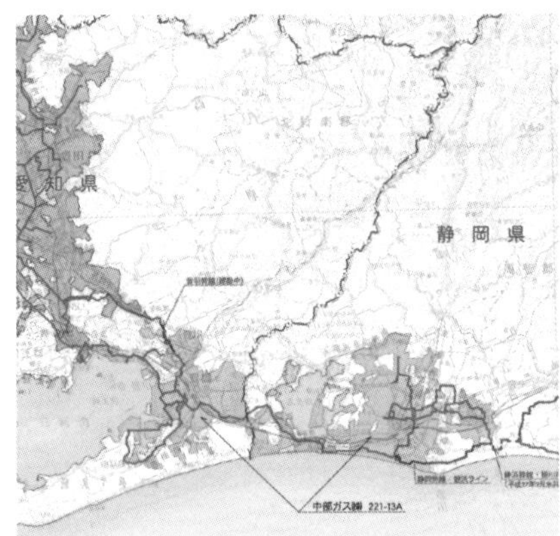

都道府県	市区町村	自治体数	人口	面積
愛知県	豊橋市	1	375	262
	豊川市	1	182	161
	蒲郡市	1	81	57
	田原市	1	62	191
静岡県	浜松市	1	798	1,558
	磐田市	1	167	163
	湖西市	1	60	87
合計		7	36,825	7,408

出所:資源エネルギー庁およびU3イノベーションズ

こちらは、愛知県と静岡県をまたいだ経済圏が浮かび上がってきます。この地域は、三遠南信または三遠信と呼ばれることもあり、有史以来、この地域を統合した行政体は存在したことはありませんが、特に豊橋市（愛知県）を中心とする東三河地域と浜松市（静岡県）を中心とする遠州地域は、歴史的に結びつきが強いと言われています。実際、東三河地域と遠州地域に南信州地域を加えた３つの地域が一緒になり、三遠南信地域連携ビジョン推進会議といった団体も立ち上げられています。

若干乱暴ですが、都市ガスのパイプラインというエネルギーインフラを切り口にして、将来のエネルギー産業を考えるにあたって、細かすぎず、大きすぎない、ほどよい“地域社会”を定義できそうです。

都市ガス経済圏の定義

同一の都市ガス事業者が都市ガスを供給し、１つあるいは複数の市区町村を1つの経済圏として捉えたもの（市区町村の全域が都市ガス供給区域である必要はなく、一部でも含まれていれば経済圏内とする）。複数の都市ガス事業者が事業参入している地域については、企業規模の大きな都市ガス会社の経済圏に含まれるものとした。

以下は全国1741の市区町村を都市ガス経済圏に振り分けた結果になります（図表４）。

図表4 都市ガス経済圏をベースにした日本の経済圏類型

定義		経済圏類型	自治体例	自治体数	2020年の人口構成比	国土面積構成比
都市ガス経済圏	100万人都市含む経済圏	大都市園	・東京23区 ・大阪市 ・名古屋市	350 市区町村	54% 67,873千人	10% 36,264km²
都市ガス経済圏	経済圏人口10万人以上	中規模都市園	・浜松市 ・伊勢崎市 ・諏訪市	224 市区町村	25% 31,859千人	17% 63,363km²
都市ガス経済圏	経済圏人口10万人未満	小規模都市園	・花巻市 ・幸手市 ・長万部町	80 市区町村	5% 6,146千人	6% 23,845km²
都市ガス経済圏外	–	地方郊外園	・国富町 ・えびの市 ・小山町	1,087 市区町村	16% 21,238千人	67% 249,480km²
		全国		1,741 市区町村	100% 127,138千人	100% 372,952km²

出所:筆者作成

まず、都市ガスが通っている都市ガス経済圏と、通っていない都市ガス経済圏外に分かれます。さらに、都市ガス経済圏を人口規模によって3つに分類しました。まず、100万人都市が含まれるカテゴリーで、東京23区や大阪市、名古屋市など350の市区町村がここに含まれます。面積は国土面積の10%ですが、ここに日本の人口の半分以上が暮らします。人口密集地域です。この地域を「大都市圏」とします。

続いて、大都市圏ではない残りの都市ガス経済圏のうち、経済圏全体の人口が10万人以上の経済圏を「中規模都市圏」としました。浜松市や伊勢崎市（群馬県）、諏訪市（長野県）など224の市町村がここに含まれます。国土面積に占める割合は17%で、人口の約4分の1がこうした経済圏に暮らしています。残る都市ガス経済圏は「小規模都市圏」としました。花巻市（岩手県）や幸手市（埼玉県）、長万部町（北海道）など80市町村がここに含まれます。人口構成比は5%。国土に占める割合は6%です。

一方、全国に約1700ある自治体のうち1000以上は、こうした都市ガス経済圏の外にあります。多くの地域は、上述した都市圏と山地で隔てられており、独立した経済圏を形成しています。中には人口10万人を超える市町村もありますが、半数は人口1万人未満の小規模な市町村です。この地域を「地方郊外圏」と呼ぶことにします。日本全体の人口の16%に相当する2000万人以上がこの地域に住んでおり、面積は日本のほぼ3分の2を占めます。

以上見てきた4つの経済圏の枠組みを用いて、「エネルギーインフラの持続性」「エネルギーの自給性」「脱炭素」の3つの視点から地域社会を眺めてみたいと思います。

まず、エネルギーインフラの持続性です。図表5を見てください。

ガソリンスタンドへのアクセスが困難な、いわゆる「SS過疎地」の約9割が地方郊外圏に集中しています。また、小規模都市圏と地方郊外圏では、2045年に人口が3分の2未満になる市区町村の割合が6～7割に上ります。これらの地域は、すでにガソリンスタンドというエネルギ

図表5 エネルギーインフラの持続性

経済圏類型	自治体数	**SS過疎地**（2018年3月末）	2045年に人口が3分の2未満になる自治体の割合
大都市圏	350 市区町村	29 市区町村	13% 47市区町村
中規模都市圏	224 市区町村	7 市区町村	18% 40市区町村
小規模都市圏	80 市区町村	2 市区町村	61% 49市区町村
地方郊外圏	1,087 市区町村	270 市区町村	70% 757市区町村
全国	1,741 市区町村	308 市区町村	51% 893市区町村

エネルギーインフラの持続性が損なわれている（小規模都市圏・地方郊外圏）

出所:筆者作成

図表6 地域社会におけるエネルギー自給自足の可能性

経済圏類型	自治体数	最終エネルギー消費量構成比	再エネ発電量ﾎﾟﾃﾝｼｬﾙ構成比	発電量超過の自治体比
大都市圏	350 市区町村	45% 1.67兆kWh	13% 0.12兆kWh	1% 2市区町村＊
中規模都市圏	224 市区町村	30% 1.10兆kWh	13% 0.13兆kWh	0% 0市区町村
小規模都市圏	80 市区町村	5% 0.18兆kWh	5% 0.05兆kWh	11% 9市区町村＊＊
地方郊外圏	1,087 市区町村	20% 0.75兆kWh	69% 0.64兆kWh	32% 349市区町村
全国	1,741 市区町村	100% 3.71兆kWh	100% 0.94兆kWh	21% 市区町村

風力発電に適した地域を除き、再エネのみでゼロカーボンを達成することは難しい（大都市圏〜小規模都市圏）

＊　石狩市、北見市
＊＊　長万部町、釜石市、能代市、男鹿市、由利本荘市、庄内町、南相馬市、西郷村、奄美市

日本の再エネ発電ﾎﾟﾃﾝｼｬﾙの7割が集中するエネルギー資源が相対的に豊かな地域（地方郊外圏）

出所:筆者作成

ーインフラの持続性が損なわれつつあり、今後、都市ガスやプロパンガス、電力などの他のエネルギーインフラの持続性も危うくなることは自明です。ネットワーク型のインフラを維持するには、一定程度の人口集積が必要だからです。

一方、エネルギーの自給性という観点から、これら地域社会を眺めてみましょう。前ページの図表６は、各経済圏の最終エネルギー消費量、再エネ発電量のポテンシャルについて、日本全体での構成比を示したものです。これを見ると、大都市圏・中規模都市圏・小規模都市圏のいずれも、風力発電に適した地域を除いて、再エネだけでゼロカーボンを達成することは困難であることがわかります。一方、地方郊外圏に目を移すと、日本の再エネポテンシャルの７割がこの地域に集中しており、エネルギー資源が相対的に豊かであることが見て取れます。

最後に、脱炭素の観点から地域社会を眺めてみましょう（**図表7**）。CO_2はその排出源によって、工場などの産業部門、ビルや店舗などの業務部門、住宅、自動車などの運輸部門の４つに分けられます。このうち、産業部門の比率が飛び抜けて高い経済圏があります。いわゆる企業城下町などがここに含まれます。そこで、圏内のCO_2排出量の６割以

図表7 **地域社会における脱炭素化の課題**

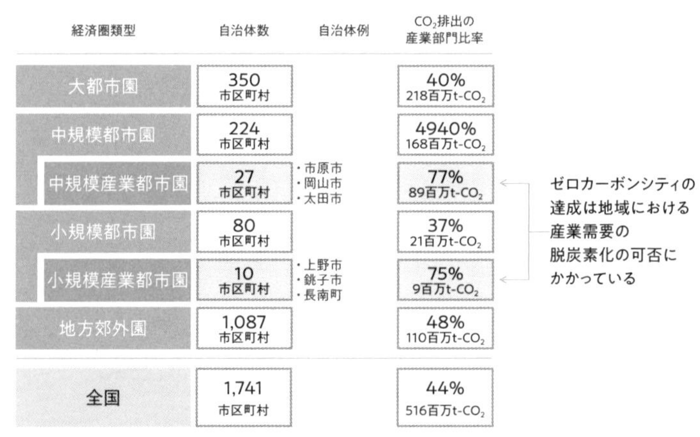

経済圏類型	自治体数	自治体例	CO_2排出の産業部門比率
大都市園	350 市区町村		40% 218百万t-CO_2
中規模都市園	224 市区町村		4940% 168百万t-CO_2
中規模産業都市園	27 市区町村	・市原市 ・岡山市 ・太田市	77% 89百万t-CO_2
小規模都市園	80 市区町村		37% 21百万t-CO_2
小規模産業都市園	10 市区町村	・上野市 ・銚子市 ・長南町	75% 9百万t-CO_2
地方郊外園	1,087 市区町村		48% 110百万t-CO_2
全国	1,741 市区町村		44% 516百万t-CO_2

出所:筆者作成

上を産業部門が占める場合、これを産業都市圏と定義しました。

中規模都市圏では、大多喜ガス経済圏（千葉県市原市など）や岡山ガス経済圏（岡山市など）が中規模産業都市圏に該当し、合計27の市区町村がこの経済圏に分類されます。また、小規模都市圏においても、上野都市ガス経済圏（三重県上野市など）や銚子瓦斯経済圏（千葉県銚子市）が小規模産業都市圏に該当し、10の市区町村がここに包含されます。こうした産業都市圏に属する自治体がゼロカーボンシティを目指すのであれば、産業部門が排出するCO_2削減への道筋を自治体自らも民間企業と一緒に具体化していく必要があります。ゼロカーボンシティを謳う以上、産業部門の排出削減を各企業任せにしていたのでは、単に産業が経済圏から流出し、その自治体の産業や雇用が失われるだけということになりかねません。

以上見てきたように、都市ガス経済圏という枠組みを用いることによって、それぞれの自治体が抱えるエネルギーの問題が浮き彫りになりました。各自治体は、自身がどの経済圏に属しているか、どのような特徴を持っているかをデータに基づいて把握し、エネルギー戦略を立てる必要があります。次にそのガイドラインを具体的に提示します。

3. ゼロカーボンシティ実現の手引き

2021年９月末時点で400を超える自治体がゼロカーボンシティを宣言していることを本章の冒頭で紹介しました。しかし、実際に再エネの導入目標を持つ自治体はその約３割にとどまっていると指摘されています。CO_2排出ゼロに向けた具体的、定量的な対策計画を有している自治体にいたってはほとんどないのが実態です。本書の締めくくりとして、「エネルギー利用」「地域エネルギー資源」「エネルギー産業の担い手」の３つの観点から、「ゼロカーボンシティ実現の手引き」となる、新たなエネルギー産業と地域社会の役割を考えます。

ポイント１　エネルギー利用の効率化と脱炭素化

言うまでもなく、エネルギー利用の効率化、いわゆる省エネの推進は不可欠です。特に日本の建物は省エネの伸びしろが大きく、すぐに手を打つ必要があります。日本の住宅の寿命は30年と言われていますが、今、新築した住宅は2050年時点でも現役の可能性が高いでしょう。2050年のエネルギー利用をめぐる勝負は、もう始まっているのです。

最近ではネット・ゼロ・エネルギー・ハウス（ZEH）[64]を積極的に展開するハウスメーカーも現れていますが、その普及率は10％前後にとどまっています。ZEH 推進のためには、地域の金融機関や工務店を巻き込んだ事業環境の整備が必須です。政府も ZEH の認知度向上に取り組んでおり、そうした動きと連携し、ゼロカーボンシティの実現に必要な社会ストックづくりを進めるべきです。

同時に、都市ガスやプロパンガス、灯油といった石油製品の利用を抑制し、電化を促すことが必要です。太陽光や風力から作った電気で水素や合成メタンを作って、利用するという選択肢もありますが、変換によるロスを抑えるには、「国内で発電した電力は電気として利用する」ことが基本です（第２章参照）。

海外ではすでに新築建物にガス管を敷設することを禁止する動きが出始めており、日本では禁止までは難しくとも、オール電化住宅やオール電化ビルを推進・誘導していくことはゼロカーボンシティの実現に必要な社会ストックづくりにつながります。

住宅やビル・店舗といった民生部門や、自家用車両や業務用車両などの運輸部門は、「発電の脱炭素化」を前提に、需要を電化していくことで脱炭素化の実現が可能ですが、産業部門は一筋縄ではいきません。第１章で述べたように、国内の脱炭素電源で賄いきれない、あるいは、電気が得意でない部分のエネルギーの大半は、海外からの輸入水素に頼ることになります。

鉄鋼業や化学産業が集積する湾岸地域では、電力会社による火力発電向け水素輸入インフラの整備と足並みをそろえる形で、ゼロカーボン水素（グリーン水素・ブルー水素）へのアクセスを確保し、活用していかなければなりません。一方、ゼロカーボン水素へのアクセスが困難な内陸に立地する工場は、オール電化に舵を切るという選択肢が浮上してきます。

現時点では採算性が見合わないオール電化工場も、タンクローリー等でゼロカーボン水素を内陸地に運んで利用する費用と天秤にかければ、工場プロセスの電化に舵を切れる可能性があります。工場プロセスの電化も、ゼロカーボン水素利用も難しいとなれば、脱炭素化のコストを忌避して各工場が域外へ流出する可能性も高くなるでしょう。内陸から湾岸地域に、あるいは国外に産業が流出する事態が起きやすいので、ゼロカーボンシティ宣言をした自治体は、既存の産業の脱炭素化への目配りも重要です。

ポイント２　地域エネルギー資源の地域資産化

先に述べたように、Utility3.0の世界では、地域社会は遠い外国から運ばれてきた化石燃料を利用するだけの立場から、再エネという地域資源のオーナーになります。しかし、足元に目を移すと、必ずしも地域社会が地域資源のオーナーにはなっていない可能性もあります。

前章で見たように、“よそ者”の事業者による開発太陽光発電の乱開発のせいで、“地域資源”になりえたはずの太陽光が、必ずしも“地域資産”として見られなくなり、むしろ迷惑施設として厳しい目を向けられています。2021年５月に成立した改正温対法が用意したポジティブゾーニング等の制度枠組みを利用して、太陽光発電産業と地域社会の信頼関係を回復し、地域のエネルギー資源を地域資産化できる関係、仕組みを整えることが重要です。

太陽光発電や風力発電といった自然変動電源による地域エネルギー資源は、発電量が安定しないという特性も持っています。こうした地域エネルギー資源をできる限り有効に利用するには工夫が必要です。

例えば、太陽光発電がたくさん発電している時間帯は、EVを充電したり、住宅や店舗に設置されたエコキュート（ヒートポンプ式給湯器）でお湯を沸かしたりなど、発電量に応じて柔軟に電気の使用量を調整します。また、地域の中を流れる電気の量をうまくコントロールすることで、できるだけ既存の電力網（配電網）を有効に利用します。新規の設備投資を可能な限り回避し、既存設備の稼働率を上げることで、電気料金（託送料金）を軽減することができます。

さらに、前節で見たように、地方郊外圏は、日本の再エネポテンシャルの７割が集中するエネルギー資源が豊かな地域です。図表６で示しましたが地方郊外圏の約３割が地域内の需要を上回るエネルギー資源を有しています。こうした地域では、電気を電気として域外に“輸出”するだけでなく、電気をデータ（Power to Data）や食べ物（Power to Foods）に変換して“輸出”するP2Xの取り組みも重要になります（第３章参照）。

ポイント３　担い手となる人材の育成

「エネルギー利用の効率化と脱炭素化」と「地域エネルギー資源の地域資産化」に関して、地域社会に求められる役割や取り組みを見てきました。これらを実現するためには、その担い手づくりが必要です。実際のところ、官民ともにこの担い手問題に直面しています。

まず、官の担い手問題です。改正温対法の制度枠組みの運用をはじめ、地域エネルギー政策を具体化するには、地域事情とエネルギーの双方に精通した自治体職員が欠かせません。一方、2020年12月末の時点で、公営の電気事業やガス事業を運営している市区町村は全国でわずか20自治体にとどまっており、1700以上の自治体は、エネルギー事業の専門人材を抱えていません。

さらに、人口減少により、自治体職員が現在の半分に減少することを想定した対策が必要という政府報告書も出ています[65]。自治体職員数を減らす一方で、エネルギーに精通した自治体職員を育成し、新たな制度の枠組みを運用するのは、あまり現実的とは思えません。補助金を活用して外部コンサルタントを雇ったとしても、表面的な議論に終わってしまいがちです。

一方、民でも担い手問題、特に技能者不足が懸念されています。太陽光発電や風力発電などの分散電源が各地へ普及するのに伴い、これら分散電源を保守する技能者がすでに不足し始めています。太陽光発電や風力発電の直流電気の保安技術を持ち、さらにそれらが設置される尾根や屋根の上に足を運ばたければならない場合にも耐えられる体力が必要ですが、電気保安人材はご多分に漏れず高齢化が進み、地域によっては担い手の確保が難しくなると指摘されています[66]。

また、地方郊外圏では、技能者不足に加えて、地域のエネルギー産業を支える中核企業の持続性も危ぶまれています。これまで地域のエネルギー供給を担ってきたプロパンガスや灯油の販売会社は、化石燃料の大幅な売上減少を覚悟しなければなりません。各地の販売会社は零細企業が多く、単独で事業構造を変革することは容易ではありません。

官民それぞれの担い手問題は深刻です。

筆者らは、その現実解となるのは、専門的な知見を持った域外のエネルギー事業者との連携だと考えます。担い手の育成は一朝一夕で実現できるものではなく、また、地域社会の中だけで実現するのも非常に困難です。したがって、中長期的なパートナーシップを前提に、各領域の専門性を持つ事業者と、理念と行動を共にすることが１つの道と言えるでしょう。

例えば長野県小布施町は、地元のケーブルTV会社と一緒に、域外のエネルギー会社（自然電力株式会社）の力を借りて、ながの電力という地域新電力を立ち上げています。同事業に関わる自然電力の磯野謙代表取締役は、以下のように述べています[67]。

> いま地方の課題は、地域に面白い仕事が少ないということです。組織としても昔ながらの年功序列の風潮が色濃く残っていたりします。若くて優秀な人が帰っても、活躍の場や役割を実感できないわけです。それを変えたい。電力はど

んな地域でも需要があります。我々の作る地域エネルギー会社は若い人がやりがいを持って楽しめる仕事を提供したいと思っています。地域を真剣に考える良い人材が１人でも２人でもそこに住んで活動し始めると、絶対地域は変わります。ながの電力には優秀なメンバーが小布施に常駐しています。電力事業を通じて地域に良い人材が入るパスになるようにできたらと思っています。そうなると、地域社会での横展開も可能になってきます。

こうした取り組みが実を結ぶには時間がかかり、定量的な効果計測が難しいことも多くあります。だからこそ、早めに、着実に取り組む必要があります。

どこの自治体でも、「とりあえずゼロカーボンシティ宣言をして、打ち手は後から考える」というケースが多いのですが、本当にすべきことは、単に旗を掲げるだけでなく、地域の実情に沿って、地域ですべきことと地域外の力を借りるべきことを明確にし、愚直に実現に向けて課題を１つずつ解いていくことです。ただ、ゼロカーボンだけを目標にするのではなく、これを機に、そこに住む人たちの幸福度・満足度が高まる地域社会づくりが進むことを筆者らは期待し、そうした地域社会の再構築を全力で支援していきたいと考えています。

おわりに――「再逆転」に向けて

国際エネルギー情勢はこの４年ほどで一変しました。中国の急速な台頭と米中対立がもたらす安全保障重視・サプライチェーン再構築の流れ、欧州各国のエネルギー転換政策にリードされる形でグローバルに広がったカーボンニュートラル宣言、ガソリン車から電気自動車への移行の本格化、新型コロナウイルスによる経済への打撃とエネルギー価格の乱高下など様々なことがありました。

日本はコロナ禍という厳しい状況下で東京オリンピック・パラリンピックを成功裡に終えたものの、当初見込んだ経済効果が得られることはなさそうです。購買力平価換算で見た１人あたり名目GDPは４万2248ドルと世界30位にとどまり、韓国（４万4621ドル）に2017年に逆転されて以降は差が開いています。企業の成長で見てもGAFAMの時価総額が東証2170社の合計を上回り、テスラ１社の時価総額がトヨタ自動車・GM・ホンダなど大手自動車メーカー６社の合計を上回るなど、以前なら考えられなかった逆転があちこちで起きています。

デジタルを中心にした新しいテクノロジーの社会実装は順調に進んでいるとは言えず、生産性の向上も限定的です。このままでは高齢化と生産年齢人口の減少によってゆっくりと老大国化していく運命から逃れられそうにありません。改めて日本の置かれた位置や自らの姿を顧みると、将来の変革への期待感も感じる一方で、グローバルで戦っていく自信や気概を失い、小成に安んじて立ちすくんでいる人も少なくないのではないでしょうか。

このような危機感を背景に、前著で描いた「2050年」の実現に向けて決定的に重要となる2030年までの過ごし方を検討し、続編としてまとめたのが本書です。テクノロジーへの楽観は基底にあるものの、日々伝えられる残念なニュースに肩を落とし、果たして日本には勝ち筋がまだ残っているのだろうかという煩悶の中で探索を重ねることになりました。

結果として、カーボンニュートラルを目指した各国の競争は、あらゆる産業や生活のあり方にゲームチェンジを促し、日本にとって大きな脅威となるだけでなく、「再逆転」の大きな機会ともなりうる可能性を示すことができたのではないかと感じています。

明治期に数多くの企業の創業に関わり社会変革を導いた「日本資本主義の父」渋沢栄一翁を評して、かつて城山三郎氏は以下のように語っています。

> 渋沢栄一は三つの「魔」を持っていた。吸収魔、建白魔、結合魔です。
>
> 学んだもの、見聞したものをどんどん吸収し、身につけてやまない。物事を立案し、企画し、それを建白してやまない。人材を発掘し、人を結びつけてやまない。
>
> 普通にやるんじゃない。大いにやるのでもない。とことん徹底してことがなるまでやめない。そういう「魔」としか言いようのない情熱、狂気。根本にそれがあるかないかが、創業者たり得るか否かの分水嶺でしょう。

イノベーションという言葉の原義は「新しい結合」であり、渋沢栄一は「魔」としか言いようのない情熱を傾けて、人材発掘とその結合による変革を創出し社会実装し続けたと言えるでしょう。

後世の私たちは、渋沢栄一のような偉人・巨人が現れることに期待して2030年までを無為に過ごすのではなく、情熱と覚悟により自ら明かりを灯そうとする１人ひとりのネットワークを形づくりながら、１つひとつは小さくとも次々と変革を仕掛けていく。そうした無数の営みの繰り返しと集積によって「再逆転」を生み出し、よりよい未来を遺していくことができるのではないでしょうか。筆者らもその中の１人として、この本を読んで共感していただき、変革の実装に進もうとする方々と共に、2030年までを歩んでいきたいと強く願っています。

筆者一同

謝辞

本書の執筆にあたり、次の方々に大変貴重なコメントをいただきました。心より感謝申し上げます。長野県立大学グローバルマネジメント学部　穴山悌三教授、日本エネルギー経済研究所　小笠原潤一研究理事、電力中央研究所社会経済研究所　上野貴弘上席研究員、K-BRIC Representative　藤田研一様、U3イノベーションズ合同会社川島壮史ダイレクター、同社小柳裕太郎エキスパート

そして、前著に続き編集の労をお取りいただいた編集担当の三田真美様に心より御礼申し上げます。

最後に、2016年１月に逝去された故・澤昭裕先生の教えに感謝申し上げます。産業創出と政策立案の両面から、具体的かつ現実的な提言を考える中で、澤昭裕先生に頂いたご示唆の意味を改めて実感することが度々ありました。第５・６章は特に、先生のご指導の賜物です。心より追悼の意を表したいと思います。

なお、本書に示した見解は、著者ら個人のものであり、所属する組織のものではありません。

注

Chapter 1

1 竹内ほか（2017）『エネルギー産業の2050年　Utility3.0へのゲームチェンジ』日本経済新聞出版社

2 前掲　竹内ほか（2017）

3 前掲　竹内ほか（2017）

4 国土交通省 国土審議会計画推進部会 国土の長期展望専門委員会（2020）「『国土の長期展望専門委員会』中間とりまとめ」図Ⅰ－1

5 前掲　竹内ほか（2017）

Chapter 2

6 アクセンチュア戦略コンサルティング本部モビリティチーム（2019）『Mobility 3.0：ディスラプターは誰だ？』東洋経済新報社

7 岡本浩（2020）『GRID で理解する電力システム』日本電気協会新聞部

8 地域計画建築研究所（2015）「平成26年度 東京都家庭のエネルギー消費動向実態調査報告書」

9 ジェレミー・リフキン（2015）『限界費用ゼロ社会〈モノのインタネット〉と共有型経済の台頭』NHK 出版

10 もちろん、LP とレコードプレイヤーがそうであったように、パッケージメディアは趣味的に残るので、専用ハードウエアは愛好家向けのものとなる。

11 ただし、国外から燃料として水素を輸入するなどして使用する場合は、水素使用量あたりの変動費がかかる。

12 基本料金を決める契約高（kW もしくは A〈アンペア〉）は最も電気を多く使う瞬間に合わせて契約しておく必要がある。例えば24時間営業のスーパーや週末も休みなく稼働する工場のように、契約高に近い量の電気を恒常的に使う（負荷率が高い）場合はよいが、季節的な営業をするスキー場のような施設や限られた時間だけ多くの電気を使う場合、それ以外の時間帯の基本料金は「もったいない」ので、スキー場を夏季はキャンプ施設として営業するなどのように、負荷を平準化する努力が行われている。

13 インターネットでも１カ月で20GB までは高速通信が使用可能だが、容量を超過すると通信スピードが遅くなるといったメニューが用意されているのと少し似ている。

14 限界費用がゼロになれば、kWh 時あたりゼロ円になる。

15 日本ではノンファーム契約とは送配電系統の混雑時に発電所から流せる電力が制限される場合があるという意味で使われているが、一般的には電力やガスの取引で供給者側の事情で中断可能な取引を意味している。

16 David MacKay（2013）“Could energy-intensive industries be powered by carbon-free electricity?”, Phil Trans R Soc A 371

17 前掲　岡本（2020）

18 内閣府（2020）「容量市場に対する意見」再生可能エネルギー等に関する規制等の総点検タスクフォース構成員提出資料

19 前掲　岡本（2020）

Chapter 3

20 市場のいいところ取りを行うこと。配電事業ライセンスの文脈では、需要密度の高い配電事業エリアを一般送配電事業エリアから切り出して（＝いいところだけを取って）事業を行うことが許されてしまうと、残された他の一般送配電事業エリアの需要家負担が増加することになる。こうしたクリームスキミングの防止方法が、制度設計において検討されている。

21 CNET Japan (2019)「『産業づくりは映画づくりのようなもの』―― SUNDRED CEO、留目真伸氏ロングインタビュー」

Chapter 4

22 国立研究開発法人新エネルギー・産業技術総合開発機構（2020）「太陽光発電開発戦略2020」p9－10

23 藤本隆宏（2021）「2020年代の日本のものづくりは面白くなる」. JBpress Digital Innovation Review.

24 日本電産「2022年３月期 第１四半期決算説明プレゼンテーション資料」

25 日本電産ウェブサイト

26 一般社団法人日本電機工業会ウェブサイト「トップランナーモータ 2015年スタート！」

27 平成30年度全国平均係数（0.000462（t-CO_2/kWh）を用いた場合。

28 「EV 航続距離、最大５割増　ダイキンが空調用省エネ冷媒」日経電子版（2021）

29 ダイキン工業 “FUSION2025”

30 経済産業省（2021）「半導体戦略（概略）」

31 ソニーグループウェブサイト

32 経済産業省（2021）「令和２年度産業経済研究委託事業 分野別技術競争力に係る調査報告書」

33 日本精工「コンディション・モニタリング・システム事業の買収について」（2020年12月10日）

Chapter 5

34 現在は、時間帯によって使い分けており、昼間（８～22時）は9972kJ/kWh（需要端熱効率36.10％）、夜間（22～８時）は9282kJ/kWh（需要端熱効率38.78％）。

35 利用可能な非化石電源÷44% が上限とはいえ、電力需要がこの上限を上回る場合に、政府が全国の電力消費を制限することは考えにくいため、上限以上の電力供給を許容することになる。それはなし崩し的に目標が下方修正されたことを意味する。

36 「ガイドラインとなる判断基準」は他のエネルギーについても定められている。「非化石エネルギー源の利用に関する石油精製業者の判断の基準」では、石油精製事業者全体で、年度ごとに原油換算50万klのバイオエタノールの利用を求めている（2018～2022年度の目標）。
また、「非化石エネルギー源の利用に関するガス事業者の判断の基準」では、ガス事業者に対し、2018年度において効率的な経営下でその合理的な利用を行うために必要な条件を満たすバイオガスの80％以上を利用することに取り組むことを求めている。2019年度以降は高度化法の下での数値目標は定められていないが、経済産業省（2021a）は、2030年の目標として、「既存インフラへ合成メタンを１％注入し、水素直接利用等その他の手段と合わせて５％のガスのカーボンニュートラル化」と記載する。

37 例えばあらゆる化石燃料の供給者に排出枠の購入を義務づければ（川上規制）、排出量取引制度も「エネルギー全体をカバーする中立的なカーボンプライシング」に理論上なりえるが、現実に導入されている海外の先例は異なっていることを踏まえて考察。

38 経済産業省は「世界全体でのカーボンニュートラル実現のための経済的手法等のあり方に関す

る研究会」、環境省は「中央環境審議会地球環境部会 カーボンプライシングの活用に関する小委員会」。

39 税ではないが固定価格買取制度（FIT）の賦課金も加えれば6,301円/t-CO_2（総税収は約6.7兆円）になる（2018年度実績。経済産業省、2021b）。

40 欧州委員会は、2021年7月に欧州グリーンディールを実施するための包括パッケージ「Fit for 55」を発表し、その中で炭素国境調整措置の導入を提案している。対象業種は電力、鉄鋼、セメント、アルミ、肥料。対象セクターの炭素含有量に関する報告システムを2023年に導入、2026年から当該セクターの輸入者に調整課金を課すとの内容。

41 欧州委員会が Fit for 55で提案した炭素国境調整措置は、輸入品に対するカーボンプライシングの課金のみで、輸出品に対する水際でのカーボンプライシングの還付は見送られている。

42 関税及び貿易に関する一般協定（GATT）第20条 一般的例外「この協定の規定は、「締約国が次のいずれかの措置を採用すること又は実施することを妨げるものと解してはならない。ただし、それらの措置を、同様の条件の下にある諸国の間において任意の若しくは正当と認められない差別待遇の手段となるような方法で、又は国際貿易の偽装された制限となるような方法で、適用しないことを条件とする。（略）（g）有限天然資源の保存に関する措置。ただし、この措置が国内の生産又は消費に対する制限と関連して実施される場合に限る。」

43 環境の文脈で言えば、「環境の名を借りた保護主義」となってしまうことを意味する。

44 例えば、八田・田中編著（2004）は、地域独占の必要性をなくした環境変化の1つとして、発電の規模の経済が重要でなくなったことを挙げ、次のように指摘している。「現在では個々の発電所の発電能力に比べて需要規模が十分に大きいため、発電に関しては規模の経済がなくなっている。その1つの原因は、ガスタービン発電などによって小規模でも安く発電ができる技術進歩が起きたことであり、もう1つの原因は、多くの国で単に電力需要が増加し続けたため、個々の発電所の生産規模に比べて電力市場が大きくなったことによる。このため多くの発電事業者が競争的に電力供給に参加できる環境が整った」。

45 2020年末から2021年初にかけて発生した全国的な電力の需給逼迫は、原子力発電所の再稼働が停滞している中、大量の在庫が難しい LNG への依存が高まっていたところに、上流市場でのトラブル等が重なって LNG の在庫が減少したことによるもので、燃料多様化の重要性を再認識させられる事象であった。

46 自らの行動が市場に影響を与えず、市場で決まった価格を受け入れるしかない経済主体のこと。価格受容者。プライステイカーは自らの短期限界費用を売り価格とする時、利潤が最大化する。

47 このようになる理由は、競争的な市場ではすべての市場のプレイヤーがプライステイカーとなるからであるが、電力市場に即して説明すると次のとおり。電気は貯蔵が利かないので、需要された瞬間に稼働し、発電できないと収入がない。すなわち、在庫を後で売ることができないので、収入確保を重視すれば、まずは稼働させることが先決となり、限界利益がマイナスにならない最も安い価格（＝短期限界費用、固定費回収はまずは度外視）で売値を提示することとなる。

48 供給信頼度の指標にはいくつか種類があるが、現在日本で採用されている指標は EUE（需要1kW あたりの年間停電量の期待値）で、目標値は0.048kWh/kW/年。

49 「供給不足時価格を持つ kWh のみ市場」とは、容量市場を導入していない米国テキサス州で採用されている仕組みである。

50 容量メカニズムは、電源等の供給力が電気を供給する能力を維持していることの対価（kW価値）を支払う仕組みの総称で、容量市場よりも広い概念である。

51 RITE（2021）が提示した再エネの100%ケースでは、電力コストが高いことから電化がほとんど進まず、発受電電力量は現状から横ばいとなっておりケースから除外した。

52 自然エネルギー財団ほか（2021）の Base Policy Scenario - Autarky ケース。

53 米国カリフォルニア州の一部自治体では、新築建物にガス導管の敷設を禁止する条例が存在する。詳細は西尾ほか（2020）。

54 カーボンニュートラルに向け、日本の化石燃料の輸入は減少すると思われるが、国内における非化石電源開発の制約から、海外からの水素キャリアの輸入に一定程度依存する可能性があるので、引き続きこの指摘は重要と考える。

55 電源入札は、①公的機関（系統運用者等）が望ましい電源構成を定め、電源種ごとに枠を決めて募集する方法（RPS〈Renewable Portfolio Standard〉を他の電源種にも適用するイメージ）、②カーボンプライシングを導入した上で、電源種ごとの枠を設けずに技術中立的に行う方法等が考えられる。

56 追加徴収・還元の方法は需要家の規模によって異なる。大口需要家は当該需要家の年間最大電力（上位５時間の平均）のシステム全体に占める比率に基づいて配分される。中規模需要家は消費電力量に対し一定額を上乗せまたは差し引くことによる。小規模需要家の場合は、規制料金である時間帯別料金に反映させる。

Chapter 6

57 本部・立花（2021）「風況の違いによる日本と欧州の洋上風力発電経済性の比較―洋上風力発電拡大に伴う国民負担の低減を如何に進めるか―」東京大学公共政策大学院ワーキング・ペーパーシリーズ

58 経済産業省「洋上風力産業ビジョン（第１次）」

59 日本原子力産業協会（2021）「2020年の主な世界の原子力発電開発動向」

60 原子力委員会編（2021）『令和２年度版原子力白書』p.269

61 米国原子力規制委員会“Status of Subsequent License Renewal Applications”

62 すでに認可を受けている原子力発電所に対して、事後的に改正された規制基準への適合を義務づける制度。各事業者は、運転を停止している原子力発電所が、福島第一原発事故を踏まえて改正された「新規制基準」に適合するように対策を行い、対策が整ったプラントから順次、原子力規制委員会の審査を受ける義務を負う。

Chapter 7

63 環境省が運営する「環境省ローカルSDGs～地域循環共生圏づくりプラットフォーム」では、「都市」と「農村漁村」という区分から、「都市」と「地方」という区分に表現が変更されている。

64 ZEHとは、「外皮の断熱性能等を大幅に向上させるとともに、高効率な設備システムの導入により、室内環境の質を維持しつつ大幅な省エネを実現した上で、再エネ等を導入することにより、年間の一次エネルギー消費量の収支がゼロとすることを目指した住宅」を指す。

65 総務省（2018）「自治体戦略2040構想研究会　第二次報告」

66 経済産業省（2020）「電気保安人材の高齢化と将来的な人材不足」

67 U3イノベーションズ（2021）「第２回『再エネ主力電源化に向けた挑戦者たち』座談会」

参考文献

- BNEF (2020) “Hydrogen Economy Outlook”
- Christensen, C. M. (1997) *“The Innovator's Dilemma: When New Technologies Cause Great Firms to Fail”*, Harvard Business School Press (邦題『イノベーションのジレンマ』)
- IEA (2016)『電力市場のリパワリング　低炭素電力システムへの移行期における市場設計と規制』新エネルギー・産業技術総合開発機構
- IEA (2021) “Net Zero by 2050: A Roadmap for the Global Energy Sector”
- IRENA(2020) “Renewable Power Generation Costs in 2019”
- IRENA(2021) “Renewable Power Generation Costs in 2020”
- Keppler (2014) “First Principles, Market Failures and Endogenous Obsolescence: The Dynamic Approach to Capacity Mechanisms”, CEEM Working Paper 2014-8
- Sustainable Group website, https://www.sustainable.co.il/
- WMO (2021) “The Atlas of Mortality and Economic Losses from Weather, Climate and Water Extremes (1970-2019)”
- WNA (2020) “World Nuclear Performance Report 2020”
- 岡本浩 (2016)「将来のエネルギー需給と国際連携」International Workshop on Global Energy Interconnections, 自然エネルギー財団
- 岡本浩 (2020)『グリッドで理解する電力システム』日本電気協会新聞部
- 価値総合研究所 (2021)「カーボンプライシングの経済影響等に関する分析結果について」中央環境審議会地球環境部会
- 環境省 (2016)「気候変動長期戦略懇談会提言 ~温室効果ガスの長期大幅削減と経済・社会的課題の同時解決に向けて~」カーボンプライシングの活用に関する小委員会 (第16回) 資料1-2
- 経済産業省 (2021a)「2050年カーボンニュートラルに伴うグリーン成長戦略」
- 経済産業省 (2021b)「成長に資するカーボンプライシングについて①~これまでの取組の振り返り~」第2回世界全体でのカーボンニュートラル実現のための経済的手法等のあり方に関する研究会　資料3
- 経済産業省 (2021c)「ヒアリング資料 (パシフィコ・エナジー株式会社)」再生可能エネルギー大量導入・次世代電力ネットワーク小委員会 (第27回) 資料5
- 原子力規制委員会(2018)「〈実用発電用原子炉に係る新規制基準の考え方について〉の改訂について(案)」
- 澤昭裕(2012)「電力システム改革 小売りサービス多様化モデル」『一ツ橋ビジネスレビュー』2012年春号
- 自然エネルギー財団, Agora Energiewende, LUT University (2021) “Renewable Pathways to Climate-Neutral Japan: Reaching zero emissions by 2050 in the Japanese energy system”
- 竹内純子、伊藤剛、岡本浩、戸田直樹 (2017)『エネルギー産業の2050年　Utility3.0へのゲームチェンジ』日本経済新聞出版社
- 地球環境産業技術研究機構 (RITE) (2021)「2050年カーボンニュートラルのシナリオ分析 (中間報告)」第43回総合資源エネルギー調査会基本政策分科会　資料2
- 地球環境戦略研究機関、名城大学、国立環境研究所 (2016)「2050年までの温室効果ガス大幅削減に向けた 経済的措置に関する調査・検討」
- 『致知』2005年2月号、致知出版社
- 東京電力ホールディングスほか (2020)「東京電力グループにおけるレジリエンス向上に資する取組について」エネルギーレジリエンスの定量評価に向けた専門家委員会 第3回会合
- 戸田直樹 (2021)「容量市場/Energy Only Marketと信頼度基準について (上・下)」https://u3i.jp/opinionknowledge/capacity-20210119-01/
- 戸田直樹、小笠原潤一 (2020)「市場競争下における電力システムの安定運用」公益事業学会編 (2020)『公益事業の変容:持続可能性を超えて』関西学院大学出版会
- 戸田直樹、矢田部隆志、塩沢文朗 (2021)『カーボンニュートラル実行戦略:電化と水素、アンモニア』エネルギーフォーラム社
- 西尾健一郎、中野一慶 (2020)「建物脱炭素化に向けた取組の検討―米国の州や自治体の先進事例とわが国への示唆―」電力中央研究所報告Y19005
- 日本エネルギー経済研究所(2021)「国境炭素調整措置の最新動向の整理―欧州における動向を中心に―」
- 日本原子力産業協会資料 (2019)「米国の原子力発電所の平均設備利用率の推移」
- 日本原子力産業協会資料 (2020)「世界の原子力発電開発の動向」
- マッキンゼー&カンパニー (2021) ”How Japan could reach carbon neutrality by 2050”
- 本部和彦、立花慶治(2021)「風況の違いによる日本と欧州の洋上風力発電経済性の比較―洋上風力発電拡大に伴う国民負担の低減を如何に進めるか―」東京大学公共政策大学院ワーキング・ペーパーシリーズ
- 八田達夫、田中誠編著 (2004)『電力自由化の経済学』東洋経済新報社

編著者略歴

竹内 純子 Sumiko Takeuchi

国際環境経済研究所 理事
U3イノベーションズ LLC 共同代表
東北大学特任教授
慶応義塾大学法学部法律学科卒業後、東京電力入社。主に環境部門を経験後、2012年より独立の研究者として地球温暖化対策とエネルギー政策の研究・提言、理解活動に携わる。国連気候変動枠組み条約交渉にも長年参加し、内閣府規制改革推進会議ほか政府委員も多数務める。編著を務めた『エネルギー産業の2050年　Utility 3.0 へのゲームチェンジ』の執筆を機に、U3イノベーションズ LLC を創業、共同代表を務める。

著者略歴

伊藤 剛 Takeshi Ito

U3イノベーションズ LLC 共同代表
東京大学法学部卒業後、野村総合研究所、アクセンチュアを経て、U3イノベーションズ LLC を創業。共著者として執筆した『エネルギー産業の2050年　Utility3.0へのゲームチェンジ』で描いた新しい社会システム（Utility3.0）を実現すべく、スタートアップとの協業を通じた新産業・新事業創出に取り組む。

戸田 直樹 Naoki Toda

東京電力ホールディングス 経営技術戦略研究所 経営戦略調査室 チーフエコノミスト
1985年東京大学工学部卒業後、東京電力（現東京電力ホールディングス）入社。2009年電力中央研究所社会経済研究所派遣（上席研究員）。2015年同社経営技術戦略研究所経営戦略調査室長。2016年より現職。

編集協力　片瀬京子
イラスト　P9、13、16　うてのての
Photo　P66　ララ /PIXTA（ピクスタ）、P78　freeangle, /PIXTA（ピクスタ）、irie_sachi, /PIXTA（ピクスタ）、ryotaba/PIXTA（ピクスタ）、jazzman/PIXTA（ピクスタ）、jwon/PIXTA（ピクスタ）、key/PIXTA（ピクスタ）

エネルギー産業2030への戦略

Utility3.0を実装する

2021年11月19日　1版1刷
2022年 4 月 5 日　　3刷

編　著　　竹内純子
著　者　　伊藤剛、戸田直樹

発行者　　國分正哉
発　行　　株式会社日経 BP
　　　　　日本経済新聞出版
発　売　　株式会社日経 BP マーケティング
　　　　　〒105-8308　東京都港区虎ノ門4-3-12

装　丁　　TYPEFACE（渡邊民人、清水真理子）
組　版　　キャップス
印刷・製本　中央精版印刷

ISBN 978-4-532-32438-4

本書籍に関するお問い合わせ、ご連絡は下記にて承ります。
https://nkbp.jp/booksQA

Printed in Japan